T0083581

Tel Aviv Museum of Art and
HIRMER Publishers

3.5 Square Meters:
Constructive Responses to Natural Disasters
A Research Project and Exhibition

The Agnes and Beny Steinmetz Wing for
Architecture and Design, Gallery 3
March 23 – September 9, 2017

Exhibition
Curator: Maya Vinitsky
Design: Studio de Lange –
Chanan de Lange and Yulia Lipkin
Graphic design: Adi Tako
Construction and installation team:
Boaz Menashri, Liad Ben-Yehuda
Ramp design and construction:
Tucan Design Studio Ltd. – Tzvika Kaplan
Mounting and hanging: Yaakov Gueta
Lighting: Lior Gabai, Assaf Menachem
Research assistants: Meshi Tedesky, Liana Alon
Videography (Online Data Monitoring
Project): Ohad Milstein
3-D printing: Alex Geht

Head of the Curatorial Wing: Raphael Radovan
Assistant to Head of the Curatorial Wing:
Iris Yerushalmi
International Relations and Development:
Anna Adamsky, Shirley Pauker-Kidron
Registration: Alisa Friedman-Padovano,
Shoshana Frankel, Hadar Oren-Bezalel

Design and Architecture Department:
Meira Yagid-Haimovici, Senior Curator
Hadas Yossifon, Assistant to the Curator

The exhibition is supported by Multifect Ltd. and
Globus International Packing and Shipping Ltd.

Catalogue
Editor: Maya Vinitsky
Text editing and Hebrew translation: Daphna Raz
English translation and editing: Talya Halkin
Design and production: Adi Tako
Website programming: Inbal Pinto
The Art Library in the Memory of Meir Arison:
Yifat Keidar, Maya Gan-Zvi, Dafnit Moskovich,
Inna Shender
Plates, printing and binding: A.R. Printing Ltd., Tel Aviv

On the cover: Shigeru Ban + Voluntary Architects' Network: School Project in Nepal; Better Shelter (IKEA Foundation + UNHCR); Andrew Beck Grace: After the Storm; Neta Kind-Lerer, William Briand, Anica James, Mitch Ward, and Jonathan H. Lee: Stories of the Unheard; Ido Bruno and Arthur Brutter: Earthquake Desk; Paul America: Haiti Mission

Special thanks to:
Selva Gürdoğan Thomsen, Studio-X, Istanbul
Motoko Nagashima, Nosigner Design, Tokyo
Elisabeth Rochau-Shalem

Cat. 3/2017
ISBN 978-3-7774-2886-4

3.5 SQUARE METERS: CONSTRUCTIVE RESPONSES TO NATURAL DISASTERS

A Research Project and Exhibition

Contents

Foreword

The interface between current reality and the activities promoted by various types of specialized museums naturally raises questions about the role of museums in the cultural discourse on politics, society, the economy, ecological concerns, and more. According to one view, museums should avoid active engagement with current events, and limit themselves instead to secondary involvement by means of the artworks chosen for display; others argue that contemporary art museums fail to fulfill their role if they do not actively intervene to treat burning issues in the immediate present.

The research project and exhibition "3.5 Square Meters: Constructive Responses to Natural Disasters" engage the museum in an exploration of one of the world's most burning current issues: the question of how individuals and communities can use a "bottom-up" approach to contend with natural disasters. This question reflects a fundamental change in modes of action and engagement, as well as in forms of cultural expression. "3.5 Square Meters" explores the participation of NGOs, commercial companies (which allot resources for humanitarian causes), and professionals in different fields – engineers, architects, designers, computer specialists, and social activists – in transmitting knowledge through alternative and highly creative channels. At the same time, this project examines how communities assimilate and develop these bodies of knowledge in their own ways, creating unique responses to extreme situations. These concerns reflect the Tel Aviv Museum of Art's commitment to engaging with contemporary social phenomena that involve sharing knowledge, social technologies, and popular DIY methods – thus reflecting the dynamic, rapidly changing nature of life in a world characterized by accelerated urbanization and unfamiliar dangers.

This project is also unique in terms of the participants, whose endeavors are not usually displayed in museum exhibitions – thus challenging us to conceive of new forms of visual presentation and content display. The Tel Aviv Museum of Art is grateful to all the participants in the exhibition for responding to our invitation: Airbnb Disaster Response Program; Paul America; Shigeru Ban + Voluntary Architects' Network (VAN); Andrew Beck Grace; Better Shelter (IKEA Foundation + UNHCR); Ido Bruno and Arthur Brutter; Burners Without Borders; Center for Instructional Development and Distance Education at the University of Pittsburgh; Conscious Impact Nepal; Field Ready; Oliver Hodge; Humanitarian Infrastructures Group + Urban Risk Lab at the MIT School of Architecture and Planning; Toyo Ito, Kumiko Inui, Sou Fujimoto, and Akihisa Hirata; Neta Kind-Lerer, William Briand, Anica James, Mitch Ward, and Jonathan H. Lee; Maya Kosover (An Israeli Story); MyShake; Nosigner Design; PetaBencana.id; Michael Reynolds; Stefano Strocchi; Ezri Tarazi; and Twitter USGS.

Thanks to Maya Vinitsky, the exhibition curator, for researching and analyzing this complex subject and assembling the findings into an exhibition and catalogue; thanks to Chanan de Lange for his highly resonant exhibition design, and to the design and installation team – Boaz Menashri and Liad Ben-Yehuda –

for their dedication; thanks to Adi Tako for his unique design for the project's catalogue and website; thanks to Daphna Raz for editing the texts and translating them into Hebrew, and to Talya Halkin for the English editing; thanks to Raphael Radovan, the head of the curatorial wing, and to his assistant Iris Yerushalmi, for their significant contribution to overcoming obstacles along the way; last but not least, thanks to Meira Yagid-Haimovici, Senior Curator of the Design and Architecture Department, for her support and advice. The realization of this exhibition benefited from the additional support of numerous members of the museum staff, and I extend my thanks to them all. Thanks to Multifect Ltd. and Globus International Packing and Shipping Ltd. for generously contributing to the realization of this research project and exhibition. Finally, thanks to Hirmer Publishers, the catalogue's international co-publishers.

Suzanne Landau
Director, Tel Aviv Museum of Art

WOULD 3.5 SQUARE METERS BE ENOUGH?

Maya Vinitsky

1953 – The flood that hit the shores of the North Sea in February of 1953 was one of the most devastating natural disasters ever experienced in Holland, Belgium, England, and Scotland. Referred to as the "Water Disaster" or the "Great Flood," this catastrophic event was the result of a unique combination of factors including a high tide, heavy rain, and storm winds blowing over the North Sea. The winds and high water level, which rose by approximately six meters, resulted in widespread flooding (which appeared as a sea of blue on the flood maps). Nearly 2,000 people (and many livestock) died that night while struggling to overcome the rising tide, and numerous properties were severely damaged.

Were it not for a single black-and-white photographic album about the flood, which was published several months later,[1] it is likely that dry descriptions of the extreme weather conditions, accompanied by meteorological explanations and inventories of victims and material losses, would remain as the only testimony to this dramatic event. Yet the disaster's representation in this book, which was published in order to raise donations for the restoration of the devastated area, offered an entirely different perspective. While referring to the climate conditions and damage, the narrative focused on the behavior of the local population, which was described in great detail: neighboring farmers joined forces to safely evacuate residents, rescue what little equipment could be saved, and fill piles of sandbags to protect the houses against flooding; volunteers from nearby areas assisted army and police forces in evacuating local residents; and once the telephone and telegraph lines went down, amateur radio operators quickly renewed radio communications and reestablished a connection with the world.

1 *The Battle of the Floods* (Amsterdam: Netherlands Booksellers and Publishers Association for the Benefit of the Netherlands Flood Relief Fund, 1953).

2017 – Over the past decade, millions of people have been uprooted from their homes due to extensive natural disasters. At present, additional millions around the world are struggling to remain alive as they battle intense heat and cold, thirst and hunger, and anxiety about the future and the fate of their relatives. Extreme natural phenomena occurred over the last decade in the United States, Brazil, Japan, Turkey, the Philippines, Nepal, the Middle East, and Italy,[2] appearing in satellite or drone photographs as highly powerful images of entirely reconfigured areas. Such phenomena are defined as "natural disasters" when they adversely affect both local residents and visitors to the region, requiring immediate care for the affected population as well as a future process of rehabilitation.

Local and international relief agencies prepare for future natural disasters on an ongoing basis, and arrive in the field in their immediate aftermath. Media reports often make reference to rescue teams from one country or another making their way to a disaster area, to the successful delivery of airborne supplies, or to rescue and medical teams dispatched with special equipment. Yet alongside praise for the support and immediate assistance they provide, critiques of such humanitarian operations note the problematic aspects of responses that are not always compatible with the needs of a specific population. More than once, heavy blankets were sent to especially hot regions; large quantities of children's toys were dispatched to areas with no distribution centers or means of transportation; and medical supplies were found abandoned at the side of a road or in a field (where, at best, the equipment chests were transformed into seats).[3]

Top-Down Versus Bottom-Up Approaches

Models of action and rehabilitation for affected populations reveal a significant difference between the traditional "top-down"[4] approach and its opposite, the "bottom-up" approach.[5] In the top-down approach, governments and organizations (whose operations are not always transparent) decide how and when to act, both before and after the occurrence of a natural disaster. Decisions on a regional, national, or international level trickle down to the population in the form of information controlled by these authorities, as well as by means of their actions in the field. Yet this comprehensive wealth of information often remains an inaccessible mass of abstract principles that are extremely difficult to implement. Only a fraction of these procedures enter into the awareness of

2 Hurricane Katrina in the United States (2005), flooding in Brazil (2011), an earthquake and tsunami in Japan (2011), an earthquake in Turkey (2011), Typhoon Haiyan in the Philippines (2013), a snowstorm in the Annapurna range in the Himalayas (2014), an earthquake in Nepal (2015), dust storms in the Middle East (2015), forest fires in California and Tennessee (2016), and earthquakes in Italy (2016).
3 See: Jonathan Katz, *The Big Truck that Went By: How the World Came to Save Haiti and Left Behind a Disaster* (New York: St. Martin's Press, 2014).
4 See: http://dx.doi.org/10.1016/j.ijdrr.2016.07.005
5 See: http://dx.doi.org/10.1016/j.ijdrr.2016.07.005

the community or impact its well-being in the form of actions such as food and equipment deliveries, the rapid organization of tent cities for evacuated residents, the transformation of a sports stadium into a temporary living zone, or the sounding of sirens to warn about an imminent evacuation.

By contrast, the bottom-up approach views individuals and communities as uniquely equipped to evaluate their own needs, and relies on them for immediate responses and for the subsequent redesigning and rehabilitation of their environment. Newly developed and increasingly variegated initiatives by individuals and communities worldwide rely on accelerated technological changes and their social and cultural impact. Communal strategies for disaster preparedness, response, and eventual recovery and adaptation to new circumstances are different and more diverse than they once were. The understanding that communities are capable of taking matters into their own hands even in extreme situations, and that people with no professional skills can nevertheless take responsibility and lead operations on the ground, impacts the rehabilitation process and influences both its character and its degree of success.

At present, it is still impossible to characterize such changes in community responses in conclusive terms. Geographical regions differ from one another, each community is unique, and responses to similar disasters are revealed as entirely different in different areas. Nevertheless, it is possible to identify several central themes that define modes of community organization and the preventative measures taken by the population, as well as immediate and long-term communal strategies of coping with the challenges of rehabilitation. These trends include: sharing knowledge, social technology, an expanded range of DIY operations, and a renewal of the archaic community practice of storytelling.

Sharing Knowledge

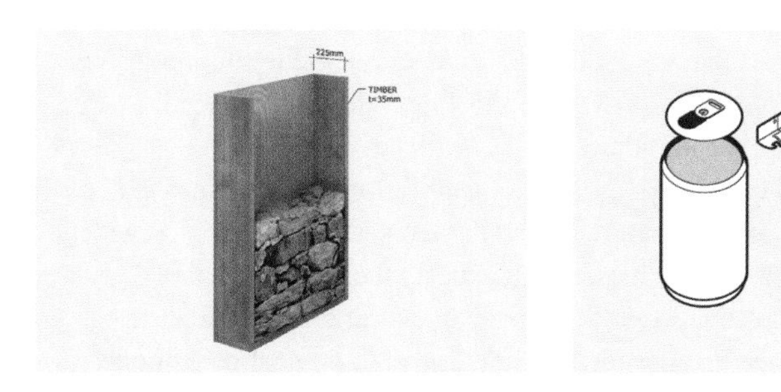

Shigeru Ban [p. 34]

Nosigner [p. 46]

In the past, zones in the aftermath of disasters such as an earthquake, for instance, would draw architecture, engineering, or construction firms that planned and built temporary housing. This process is currently changing thanks to the rapidly growing phenomenon of "sharing knowledge" – the transmission of professional and technical knowledge to the population at large. Some examples include technical instructions for transforming an empty Coca-Cola can into a water-warming device; an explanation about how a simple wooden joint can facilitate the construction of shelter walls; an introductory online course providing extensive information about subjects such as building a fire or constructing a shelter; and a mobile workshop carrying heavy equipment and accompanied by a team to assist those interested in repairing damage on their own. These examples reveal how individuals and communities are turning to professionals and to additional sources such as the Internet to acquire the knowledge or basic training necessary for taking independent action.

Social Technology

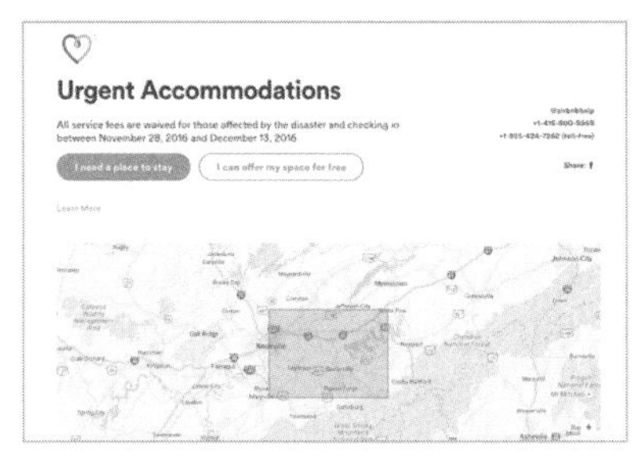

Airbnb [p. 102]

MIT PREPHub [p. 106]

New technological developments surround and overwhelm us with an endless stream of information, including news updates on mobile phones, television reports, and online sources. When it comes to coping with natural disasters, the technology of social networks has resulted in a veritable revolution. Events once perceived as unfolding in distant and godforsaken places have drawn immeasurably closer to us due to mobile phone cameras and file sharing, which take us into the homes of survivors, transport us to isolated areas, and allow for new forms of interpersonal communication.

We currently have access to various types of applications and websites that enable people to report, film, photograph, and disseminate information on widely used social networks. These activities, which almost all of us engage in a daily basis, continue to be implemented in the course of natural disasters. Indeed, numerous reports describe local residents who, instead of evacuating a flooded area, for instance, climbed to the best vantage point in order to document the rising water level with their cameras. Social networks are now the first to report disasters and transmit emergency announcements, with various online sources spontaneously creating real-time connections and serving as an excellent means of transmitting information to the local population[6] and for rehabilitating it later on.[7]

Social networks are also used by people located at a removal from the disaster site, enabling them to participate in relief efforts while facilitating communication with families, rescue teams, and humanitarian relief groups.[8] Social networks are used in an almost endless array of ways: new applications can identify extreme earth tremors and warn about the occurrence of an earthquake; smartphone owners can communicate to friends about an earthquake; a "smart bench" located in a public area enables local residents to practice off-grid communications, charge electronic devices, and stock up on vital supplies; and Internet sites allow volunteers to post offers for hosting evacuated disaster victims. In these and many other cases, people interact online during emergencies as they do in everyday life – a routine that contributes to their successful management of uncontrollable events.

Storytelling

Stories of the Unheard [p. 206]

After the Storm [p. 220]

Smartphones have come to function as a relay station to which one connects to learn about worldwide developments and current events, and to distribute information by means of personal photographs, texts, emotional statements, and virtual friendships. Their built-in cameras and microphones have transformed them into omnipresent eyes – a means of personal and environmental documentation through photographs, videos, and sound files. This readily accessible tool has transformed many of us into experimental documentarians who capture (among other things) the process of coping with natural disasters.[9] Examples include independent films taken as souvenirs of a destroyed village or region; recorded conversations with residents speaking of their experiences

6 See: Hermann Szymczak, Pinar Kücükbalaban, Sandra Lemanski, Daniela Knuth, and Silke Schmidt, "OMG Earthquake! Can Twitter Improve Earthquake Response?" http://srl.geoscienceworld.org/content/81/2/246

7 See: www.balkanalysis.com/bosnia/2014/05/28/balkanfloods-online-the-impact-of-social-media-on-recent-reporting

8 See: Edson C. Tandoc and Bruno Takahashi, "Log-In if You Survived: Collective Coping on Social Media in the Aftermath of Typhoon Haiyan in the Philippines," *New Media and Society* (2016).

9 Storytelling projects can be found by searching online for the keywords "participatory" and "community"; see: http://docubase.mit.edu.

during an earthquake; documentation of flight, destruction, recovery, rehabilitation and reconstruction, and sometimes also of the careful optimism felt in the aftermath of a disaster; or the personal conclusions drawn from these experiences, presented in some cases as a letter to a future survivor. These and other practices revive the oral tradition of communal storytelling, which has the power to raise awareness and assist (if only a little) in the process of coping with disaster.

DIY (Do It Yourself)

Better Shelter [p. 146]

Conscious Impact Nepal [p. 170]

In recent decades, "do it yourself" practices have been widely assimilated into the domestic sphere, with companies such as IKEA offering products (beds, chests, closets) for home assembly with the help of step-by-step diagrams. By charging the consumer with the product's construction, manufacturers cut down on their expenses, while offering buyers an enjoyable sense of satisfaction and participation and encouraging them to develop technical skills and sometimes also design capabilities.

Countless projects of this kind have recently entered the arena of humanitarian aid: lightweight, flexible structures dispatched to disaster zones are independently assembled by local residents who can alter their size, coat their walls with various materials, and experiment with different types of insulation; manually pressed mud bricks are made of local earth in the absence of other construction materials; and lightweight foam plastic panels allow for the simple construction of emergency shelters. These examples, like many others, rely on the end-users' existing technical knowledge and manual skills, while reinforcing their sense of independence and connection to the product.

The tension between conditions in the field and the minimum standard of 3.5 square meters per each person in the shelter (as determined by the Red Cross) is the main issue at stake.[10] The shift from centralized decision-making (which assumes that decision makers "from above" know best how to attend

[10] See: The International Federation of Red Cross and Red Crescent Societies (IFRC), *Minimum Standards in Shelter, Settlement and Non-Food Items*, May 2012; www.ifrc.org/PageFiles.

to a community's emergency needs) to a more open, improvisational, adaptive approach, which empowers communities to define and care for their unique needs, makes use of a range of community skills. The flexibility, independence, and sometimes also sense of safety afforded by efficient functioning in extreme situations contributes to the development of new practices and tools, to "bottom-up" coping with extreme situations, and to successful long-term rehabilitation.

Maya Vinitsky, Associate Curator in the Tel Aviv Museum of Art's Design and Architecture Department, is a lecturer in the Industrial Design Department at the Bezalel Academy of Arts and Design, Jerusalem, and a member of the research group RDFD (Relevant Design for Disaster).

SHARING KNOWLEDGE

REPORT ON A VISIT TO NEPAL
MAY 31– JUNE 2, 2015

Shigeru Ban

On April 25, 2015, Nepal suffered an earthquake measuring 7.8 on the Richter scale. Due to my continuous involvement in disaster relief projects around the world over the last 20 years, I received requests for support both from people I knew and from people whom I had never met. This time, the number of messages I received was especially large. I was contacted by Nepalese students in Tokyo, photographers, mountain climbers, tourists, investors, and NGOs, to name a few. My interest in Nepal – a country somewhat unfamiliar to me – grew, and soon after I began to prepare for disaster relief activities.

In order to gather more information, I arranged a meeting with Nepalese graduates of the engineering department at Tribhuvan University of Nepal who were living in Tokyo. As always, I asked the local university to become the recipient of the aid material sent from Japan, and to arrange a workshop with the students upon our arrival in Nepal. The head of the engineering department at Tribhuvan University, Professor Tri Ratna Bajracharya, kindly accepted my request.

To date, I have developed several types of emergency shelters using paper tubes as structural elements. For UNHCR's project in Rwanda in 2004, I designed a paper-tubing structure using plastic connectors fig. 1. After the 2010 earthquake in Haiti, I developed paper-tube structures using plywood connectors. However, while ready-made paper tubes are cheap and easy to find in any country, plastic and plywood connectors are time-consuming to manufacture. Consequently, in the case of Nepal, I chose for the first time to use duct tape fig. 2 to secure paper-tube joints. The first prototype was assembled in Japan and refabricated in Nepal using locally produced paper tubes and duct-tape joints.

1

2

After the workshop, 500 people gathered for a lecture focusing on disaster relief projects. Following the lecture, detailed practical questions from the audience were discussed.

In addition to the above-mentioned activities, I made arrangements to send 130 used tents donated by TSP Taiyo Inc. – a company we collaborated with on a temporary housing project using shipping containers in Onagawa, Japan. Through our clients, we requested support from Thai Airways, Singapore Airlines, and Cathay Pacific to transport the tents and to travel to Nepal. Since these tents are normally used for outdoor events and only provide roofing, we asked Japanese general contractors through OCAJI – the Overseas Construction Association of Japan, Inc. – to donate sheets to be used as walls for the tents figs. 3-4.

3

4

5

6

My collaboration with OCAJI on disaster relief projects began after the 1999 earthquake in Turkey fig. 5. Due to this previous partnership, the donors generously agreed to donate the tents for relief work in Nepal.

During our visit to Nepal, we made preparations to assemble paper-tube shelters as a short-term project with student volunteers. We had meetings with local architects and companies to coordinate the construction of temporary houses, and held discussions with the Japanese embassy. We also visited the outskirts of Kathmandu to see how the disaster had affected villages. In the process, we researched local materials, markets and traditional building techniques. We were also able to find out what problems were unique to the local sites. Most of the collapsed buildings had a wall thickness of approximately 50 cm fig. 6, and their simple structures were made of layers of sundried and baked bricks. Even the people whose houses had not totally collapsed feared living in brick-made houses after the traumatic earthquake experience, and preferred to live in tents. The community appealed to me, stating that they never again wanted to live in masonry houses. One of the biggest problems at a disaster site, however, is how to dispose of the rubble of bricks accumulated in the wreckage.

While looking at the traditional Nepalese houses that had not collapsed, I noticed the presence of carved wooden frames embedded within the brick walls fig. 7.

7

8

© Saraf Foundation

After studying traditional Nepalese architecture, I went to a timber market in the suburbs. Besides milling lumber, market workers were constructing window and door frames with simple tools fig. 8. In that moment, an idea presented itself to me. Drawing inspiration from the traditional window frames and the abandoned piles of brick rubble, a construction method came together in my mind: a wall system that could be assembled by connecting modular wooden frames (120x90 cm) and filling them with brick rubble fig. 9. This simple construction method enables anyone to assemble the wooden frames very quickly. If a roof (a truss made of local paper tubes) is secured on top, and the wooden structure is covered with a plastic sheet, people can immediately begin to inhabit the shelters. Afterwards, people can stack the brick rubble inside the wooden frames and slowly complete the construction themselves. I plan to build an experimental structure and test how much force the wooden frames can bear. The structural integrity of this temporary house lies primarily in the wooden framing, and although the walls are to be infilled with brick rubble, the masonry itself functions as a secondary structural system. In the case of a two-story building, one can add a plywood panel inside the wooden frame for structural strength.

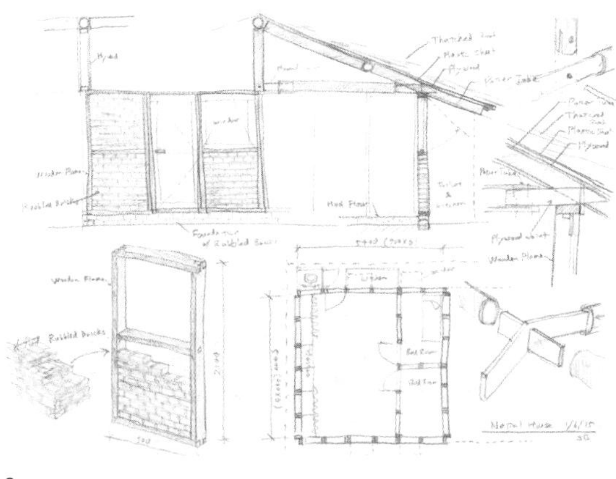

9

For a longer-term housing project in Nepal, I have begun to talk with both Japanese and overseas investors to develop low-cost prefabricated housing, a project that has already begun in the Philippines. This project commenced after the 2011 earthquake in Japan, when the dearth of temporary housing became apparent. In order to avoid such a shortage during future disasters, I designed a low-cost prefabricated house that can be manufactured in developing countries such as the Philippines and India, and assembled in disaster-struck zones if the need arises. The structure of this house consists of wall assemblies using fiber-reinforced plastic and foam-board sandwich panels figs. 10–11. This project rapidly creates better quality temporary housing, as well as local employment in the factories producing these houses in developing countries. Furthermore, this system serves to improve the housing conditions of low-income groups in developing nations. A prototype house has already been made and assembled at the factory in the Philippines, and business offers have been made to build similar projects in India and Nepal.

See p. 34.

10

11

LEARNING TO MAKE THE EARTHQUAKE DESK: NOTES FROM BHUTAN, JANUARY 25–31, 2016

Ido Bruno

Staples & Jattu Wood Factory (photo: Ido Bruno)

Introduction

Deaths and injuries from earthquakes could be significantly reduced by replacing or retrofitting seismically vulnerable school buildings, but many countries lack the necessary financial resources and technical skills to do so. As a protective measure, schoolchildren are taught to take shelter under their desks during earthquakes. However, in many parts of the world typical school desks provide poor protection.

The Earthquake Desk provides a solution by offering both protective coverage and passageways for rescue team accessibility.

This project was initiated in 2012 in the Industrial Design Department at Bezalel Academy of Arts and Design in Jerusalem. It was designed by Arthur Brutter and me to address a range of collapse scenarios during an earthquake.

The project is currently evolving in several directions, one of which is a non-profit project carried out in Bhutan. This project is intended to encourage local manufacturers to produce the desk, thus making it affordable for local schools.

In January 2016, Arthur and I travelled to Phuentsholing, a border town in southern Bhutan, where we conducted a hands-on, six-day training workshop. In the course of the workshop, we produced prototypes of the desk in collaboration with several local manufacturers and their teams of carpenters, welders, and foremen. Engineers from the School Planning and Building Department (SPBD) at the Bhutan Ministry of Education learned how to perform quality control. The training process ended dramatically with a crush test, as a 422-kg weight was dropped on a prototype desk. The desk survived as expected.

The following report was written during the initial pilot project.

Day 1, January 25

Day one was dedicated to making an initial visit to the training site, the Staples & Jattu furniture manufacturing company in Phuentsholing.

Objectives met during the initial visit: Meeting with the Staples & Jattu owner and company supervisor and with the engineers Diwaker Lama and Lalit Kr. Gurung from Bhutan's School Planning and Building Department (SPBD). The project team members introduced themselves and provided some background on the project and the "story" behind the Earthquake Desk.

Assessment of training space, equipment, tools, and materials available on site, as well as of those procured for the training process: space is adequate, as [the manufacturer] Staples & Jattu had assigned the welding area, one carpentry area, and the conference room for the training.

Thoughts after Day 1: The owners and staff of Staples & Jattu were very cooperative, and exhibited a willingness to learn and collaborate. It is clear that there is a genuine passion for the development and learning of new methods and products. A few possible training scenarios were elaborated in order to try and foresee problems and plan solutions.

Initial assessments of factory space, equipment, and tools: The factory is spacious, very orderly, and very clean. Clearly, much emphasis is given to proper work processes. This is very important for the success of the project, and raises hopes for a successful training session. The factory contains many types of workspaces, where professional workers create entire wooden and steel furniture items. The process begins with raw wooden logs from the forest and ends with painting/varnishing, upholstering, and packing. It seems to be a reaction to the unavailability or economical downside of outsourcing.

Some challenges: The general method of fabrication is non-industrialized. The factory makes products on a part-by-part basis rather than serially producing a number of identical parts. This is a meaningful difference.

The metalworking tools are not up to standard. For example: the metal saw is a very basic disc saw that is difficult to adjust for precision. The drill press's main shaft is askew, and the chuck is not large enough to handle the relevant drill bits.

Initial assessment of materials: Turned leg discs and rods were pre-ordered from Kolkata. They are of good quality. The rod diameter is 14.2 mm rather than the predefined 13mm. This is ok for the functioning of the desk, but the plans will need to be altered. The local plywood seems to be of excellent quality, but the thickness is 19 mm. Very good for the quality of the desk, but again, requires alteration of the entire set of jig drawings and all plywood desk parts (a welding jig is a device used to hold a part precisely in place during the manufacturing process, to ensure that pieces are welded together in the correct position for precise production).

After assessment of tools and materials, we understand the adaptations needed not only to the plans and drawings, but also to the training plan and schedule.

Day 2, January 26

Day two was the first day of training. Participants (welders, carpenters and supervisors) came from five furniture-manufacturing companies – Staples & Jattu, Karma Steel, H&K Company, Chima Wood, and Namgay Wood.

Morning session: Introductions; presentation on desk function and development; presentation of parts and materials; planning of practical setup with participants. The presentations (including tea break) took approximately 3.5 hours.
Afternoon session: Welders – begin cutting the metal parts to size; carpenters – begin to prepare the jigs; conclusions for the day and de-briefing session.

Thoughts after Day 2: SPBD senior engineer Mr. Diwaker Lama proves to be a great asset to the team, as he happily and effectively takes on the role of translator and co-presenter. As the presentations evolve, we learn that the participants are "quadro-lingual": they speak Dzongkha, Nepali, Hindu, and English. Diwaker's Nepali translation is very helpful, and is accompanied by an enthusiasm that is at least as important as the verbal translation.

After approximately an hour of presentations, it seems that "the ice is breaking." A significant change in atmosphere is felt when we manage to convey to the participants that they are becoming part of a team dedicated to creating lifesaving solutions for schoolchildren.

Jigs are a new concept, and participants are not able to totally understand the value of using jigs for manufacturing. For welders, cutting with precision and measuring metal parts after cutting was crucial. Participants used the presentation handouts (step-by-step manuals) to cut the parts and make jigs. Participants were able to easily follow the instructions and drawings, and they were also able to point out any errors. One significant realization from this day was that although the factory was well equipped with power woodworking machinery, 95% of the jig parts were made with a hand saw and chisel. We were pleased to discover that this method does not compromise precision, and actually allows for quick and efficient fine-tuning of the jigs.

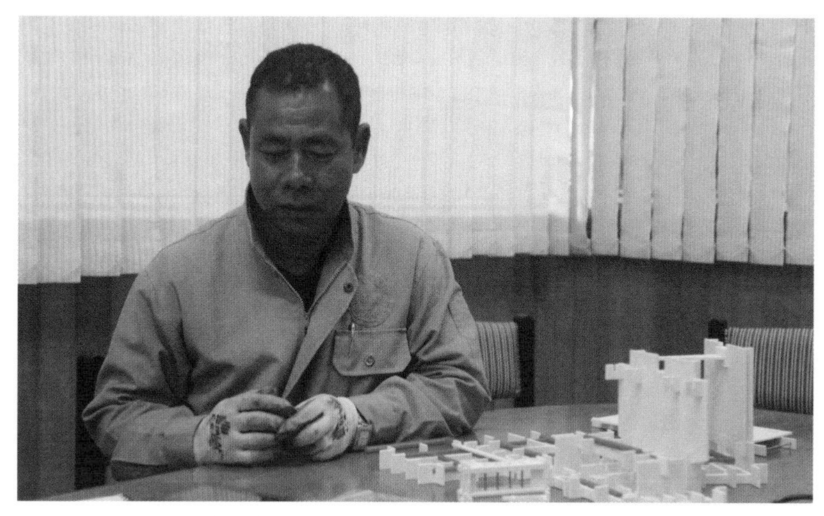

3-D-printed scale models of jigs and desk parts that were used by the participants as assembly guides (photo: Solly Baba)

Day 3, January 27

Participants continued to cut metal parts and make jigs. We spent a couple of hours in the morning finding a neighbor with a lathe and downsizing the drill bit shank to the proper size.

During the day, Arthur was at the laptop creating an updated list and plans for the desk and totally new drawings for the "Bhutan Model" desktop.

Cutting the first steel leg for the Earthquake Desk (photo: Ido Bruno)

Thoughts after Day 3: Participants were finally able to see whether the metal parts fitted into the jigs and actually used the jigs for welding the first set of steel parts. Finally, both the welders and carpenters realized the value of using them. Today work slowly transformed from a random process of feedback and correction of particular details, to a comfortable procedure that had a noticeable effect on both the metalworkers and the woodworkers. Towards the end of the day, the optimism generated by the efficiency and advancement of the work process led to a decision to cut parts for 10 more desks. A total of 14 desks will be manufactured.

Day 4, January 28

Arthur and I travel with Mr. Karma Sonam and Mr. Diwaker to visit Phuentsholing Lower Secondary School and meet its principal, Mr. Ngawang Dorji, and to visit Phuentsholing Higher Secondary School and its principal, Ms. Yangki Dema. This enlightening tour includes meetings and discussions with the principals and an on-site understanding of school architecture, furniture, and challenges.

Fine-tuning a wooden jig that will hold metal parts in place for welding. Jigs ensure consistency and quality in production, so that the finished desks meet design specifications (photo: Ido Bruno)

Thoughts after Day 4: The tour of the schools was very important for understanding the bigger picture. At both schools, the building of new classes is underway. Both principals are enthusiastic about the idea of having safer desks in their old buildings.

Day 5, January 29

The team starts mobilizing resources for a crush test to precede the final test witnessed by the manufacturing company owners, Ministry Of Education, Department of Disaster Management, and district officials. A heavy lifting crane, sturdy bags to carry the load, ropes and a knife to cut the rope are procured.

Apparently, "big bags" for the crush test are unavailable in Phuentsholing. I make a quick design sketch, and we go downtown to look for the right textile and webbing. Eventually the right material is found in Jaigaon. The upholsterer sews two "big bags," one for the preliminary test, the other for the final public demonstration. The Bhutan conditions – highly skilled carpenters; excellent quality plywood of the right thickness (19 mm); factory owners motivated to make a good-quality product – enabled the "Bhutan Model" desktop to be born. It is a unique desktop, optimally suited for Phuentsholing manufacturers, with small notches every 12 cm, and one long notch that helps the desktop break along the middle, augmenting its functionality under impact. The notches are filled with small redwood pieces that have both a functional and an aesthetic role.

Detail of desktop edge. The notches are filled with small redwood pieces that have both a functional and an aesthetic role (photo: Ido Bruno)

Thoughts after Day 5: It has become clear that by the end of the training we will be able to perform vertical crush tests. Individual interviews with participants provide evidence that they are motivated by the objective of enhancing the safety of schoolchildren through the use of Earthquake Desks.

Day 6, January 30

A tour of other production facilities in Phuentsholing.

School officials, local residents, and manufacturers gathered in anticipation of the Earthquake Desk crush test (photo: Solly Baba)

Some observations: It seems that the manufacturers we visited specialize in locally designed wooden furniture; facilities for steelwork seem very limited. We hope that the production of the Earthquake Desks will be accompanied by the development of up-to-date steel manufacturing facilities. Bhutan Ply and Wood looks like a very sound manufacturer. We closely observed their yards, machinery, materials, and high-quality end products. We are confident that the plywood coming out of this factory will contribute to the quality of the Earthquake Desks.

Preliminary test: A truckload of stones, boulders, and pieces of concrete was brought in from the river, weighed and marked. Bags to hold the weights were designed and stitched in the Staples & Jattu upholstery workshop. A Hydra crane is on loan from the neighbor. Proper rope was purchased. A mechanical scale was brought from the nearby recyclers to weigh the weights.

The first test sack is ready and tested for strength and functionality. The locally made desk is finally put to test. The preliminary crush test was conducted successfully with a 400-kg weight.

Some remarks for tomorrow: We analyzed the crushed desk and showed the manufacturers some important points, focusing on critical welding points and emphasizing the importance of workmanship and accuracy. We are satisfied and ready to finish preparations for tomorrow's public test.

Desk design and final production: Four colors were chosen from local paint catalogues, allowing for some flexibility while retaining a level of unity. Two shades of green and two shades of blue were chosen in collaboration with the factory owners. Frames were painted in chosen colors. They look beautiful. “Bhutan Model” desktops are finished and glued to the steel structures.

Day 7, January 31

Last day of training and day of the public crush test. Clear safety zones were marked in preparation for the visitors. Painters finished spray painting all frames. A display of jigs and desks is created in the yard for the visitors in order to demonstrate the various stages of the work process.

The first crush test was done on a standard Bhutanese school desk with a 356-kg load. The standard desk was badly damaged. The final crush test on an Earthquake Desk manufactured in Bhutan was done with a 422-kg load. We chose to limit the weight because the “big bags” were made of a textile that seemed limited in its ability to carry more weight. Further testing is required to determine whether the desk can withstand heavier weights.

Some post-test observations: The safety zones underneath the desk remained unchanged as required. The desktop remained glued to the frame as required. The “Bhutan model” desktop performed very well, as expected.

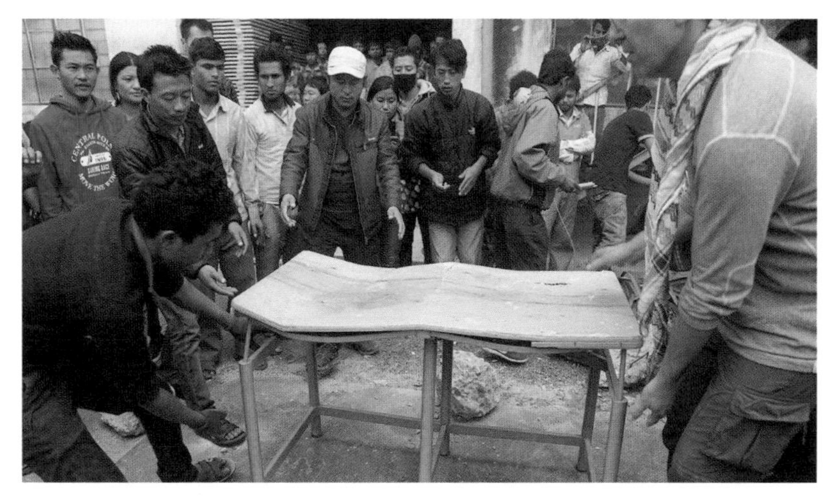

A standard Bhutan school desk was flattened under a 365-kg load. The Made-in-Bhutan Earthquake Desk withstood the 422-kg crush test (photo: Solly Baba)

Thoughts after Day 7: The event provided us with an opportunity to advocate for the importance of reducing risk and enhancing school safety and the need for safe/protective furniture in schools. Witnessing the actual crush test was a powerful means of communicating the need for earthquake preparedness and demonstrating the effectiveness of the desk.

Final Conclusions

The introduction of the jig fabrication method is of major significance: the workers have a precise and easy-to-use tool to manufacture perfect parts. They can quickly deliver high-quality work and receive approval from their superiors. The manufacturers are delighted to see that there are few errors, therefore little time and material is lost. The SPBD engineers have discovered a great quality-assessment tool – parts will not pass from stage to stage if they are not properly fabricated. The team is satisfied that an objective tool enables the desks to be produced to a precise standard.

Time and effort lost on inadequate tools and materials were quickly regained due to good sense of improvisation and excellent real-time problem solving by all participants. This is an important point, as problems will always arise; the ability to find quick and sound solutions is a great asset to a manufacturing environment. Some industrial-grade tools will need to be purchased by the manufacturers to allow for better quality and more efficient production.

It seems that apart from these small improvements, this budding local industry is fully capable of handling the production of good quality Earthquake Desks. The SPBD team seems enthusiastic regarding the introduction of the Earthquake Desks into schools. They seem more than capable of carrying out the required quality assessment procedures, greatly aided by the jig system they now fully know and understand.

See p. 38.

The drawing on the top of the Earthquake Desk was especially created to mark the completion of the first "Made in Bhutan" pilot project. It includes a Buddhist emblem of a wheel and deer: the "Wheel of Dharma" is one of the most important symbols in Tibetan Buddhism; the deer relate to the Buddha's first discourse, held (according to tradition) at the Deer Park in Sarnath (photo: Ido Bruno)

Shigeru Ban + Voluntary Architects' Network (VAN): Khumjung Secondary School, Nepal, 2017

The Khumjung Secondary School, situated at an elevation of 3,790 meters in Nepal, was founded by Mt. Everest's first climber, Sir Edmund Hillary, in 1961. Having previously supported the Khumjung School, the Doshisha University Alpine Club, which is based in Kyoto, once again decided to support the school after the earthquake in April 2015, and reached out with an offer to design safe classrooms.

The reconstruction of one building containing three classrooms was designed as follows:

1. Creating earthquake-resistant classrooms that use structurally-tested timber frames as the main structure, replacing masonry construction which can easily collapse.
2. Infilling the timber frames with stones from damaged old classrooms.
3. Conducting structural tests of the timber frame to analyze its strength.

The construction began in September 2016. The inauguration ceremony will be held at the Khumjung School following the project's completion in March 2017.

Traditional Nepalese timber window and door frames are still widely used, and can be easily constructed using simple tools. Maintaining the same logic and simplicity, the modular wooden frames (210x90 cm) are connected to form a wall system, and infilled with brick rubble. Using locally attainable materials and simple construction methods, wooden frames can be assembled very quickly, and thus become immediately habitable once a roof is secured on top. To meet the needs of classrooms in Khumjung, this wall system is repeated to form a row of classrooms. For the Khumjung School project, the overall design was adapted for the use of stone, a common building material throughout the region.

Shigeru Ban, born in Tokyo, 1957, is a graduate of the Cooper Union, New York. He began working for Arata Isozaki & Associates in 1982. In 1985 he founded Shigeru Ban Architects. In 1995 he became a consultant to the United Nations High Commissioner for Refugees (UNHCR) and established the NGO Voluntary Architects' Network (VAN) to support disaster relief. Selected works include Nicolas G. Hayek Center, Tokyo; Centre Pompidou, Metz; and Oita Prefecture Art Museum, Japan. He is the recipient of multiple awards, including the Grande Médaille d'or de l'Académie d'Architecture (2004); Auguste Perret Prize (2011); and and the Prize of AIJ (2009 and 2016). He served as Professor at Keio University (2001-2008), Visiting Professor at Harvard University GSD and Cornell University (2010), and is currently Professor at Kyoto University of Art and Design (from 2011). He is the laureate of the 2014 Pritzker Architecture Prize. Ban continuously challenges and explores the potential of various materials and construction methods, and has become known for using paper tubes as one type of lightweight structure. Some of his most renowned projects include series of Furniture Houses, and Nomadic Museums in various locations (including New York and Tokyo).

Voluntary Architects' Network (VAN) is a non-profit organization for post-disaster relief activities, ranging from immediate response after disaster to long-term occupancy and reconstruction projects. VAN has initiated projects across the globe, from numerous domestic projects in Japan to temporary shelters in Rwanda (1999); a reconstruction project in Kirinda, Sri Lanka (2005); a school project in Chengdu, China (2008); a cathedral in Christchurch, New Zealand (2013); and the ongoing Nepal Project throughout Nepal.

שיגרו באן + רשת אדריכלים מתנדבים (VAN):
תיכון קומג'ונג, נפאל, 2017

בית הספר התיכוני קומג'ונג בנפאל, היושב על הרי ההימלאיה בגובה 3,790 מטרים, נוסד ב-1961 על-ידי מטפס האוורסט הראשון, סר אדמונד הילרי. במועדון האלפיניסטי של אוניברסיטת דושישה, שתמך בעבר בתיכון קומג'ונג, החליטו לשוב ולתמוך בו לאחר רעידת האדמה של אפריל 2015, והושיטו יד עם הצעה לתכנון כיתות עמידות.

בנייתו מחדש של אחד מבנייני בית הספר, ובו שלוש כיתות, תוכננה כדלהלן:

1. הקמת חדרי כיתות עמידים לרעידות אדמה, עם שלד מבני העשוי ממסגרות עץ שעמידותן הוכחה, תוך החלפה של בנאות האבן הפגיעה.
2. מילוי מסגרות העץ באבנים שנלקחו ממבני כיתות ישנות שניזוקו.
3. עריכת מבחני עמידות למסגרות העץ המודולריות.

העבודה באתר החלה בספטמבר 2016. טקס חנוכת הבניין החדש בתיכון קומג'ונג ייערך עם השלמת הפרויקט, במרץ 2017.

נגרות עץ נפאלית מסורתית למסגרות חלונות ודלתות עדיין רווחת באזור, והיא קלה להתקנה תוך שימוש בכלים פשוטים. מסגרות העץ המודולריות שלנו (210x90 ס"מ), השומרות על אותו היגיון ואותה פשטות, מחוברות זו לזו ליצירת מערכת קיר שלמה וממולאות בלבֵנים שלוקטו מן ההריסות. מסגרות עץ כאלו, העושות שימוש בחומרים זמינים ובשיטות בנייה מקומיות ופשוטות, ניתנות להרכבה מהירה וקלה ולהקמת מחסה לשעת חירום, המוכן לאכלוס ברגע שהותקן הגג. כמענה לצורכי הכיתות בקומג'ונג, מערכת קיר זו משמשת באופן מודולרי-סדרתי ליצירת שורה של כיתות. בתכנון הכללי של פרויקט קומג'ונג הוחלפו לבני המילוי באבן מקומית, שהיא חומר בנייה נפוץ בסביבה.

שיגרו באן נולד בטוקיו, 1957; בוגר קופר־יוניון, ניו־יורק; החל לעבוד במשרד האדריכלים של אראטה איסוזקי ב-1982 וב-1985 פתח את שיגרו באן אדריכלים. ב-1995 החל לשמש יועץ לנציבות האו"ם לפליטים (UNHCR), והקים את הארגון הלא־ממשלתי "רשת אדריכלים מתנדבים" (VAN), המציע סעד במקרי אסון. מבחר מעבודותיו: מרכז ניקולאס האייק, טוקיו; מרכז פומפידו, מץ; המוזיאון לאמנות של מחוז אויטה, יפן. זכה בפרסים רבים, ביניהם: מדליית הזהב של האקדמיה הצרפתית לאדריכלות (2004); פרס אוגוסט פרה (2011); והפרס הגדול של המכון לאדריכלות של יפן (AIJ, 2009 ו-2016). שימש פרופסור באוניברסיטת קאיו, יפן (2001-2008), פרופסור אורח באוניברסיטאות הרווארד וקורנל, ארה"ב (2010), וכיום פרופסור באוניברסיטת קיוטו לאמנות ועיצוב (מ-2011). חתן פרס פריצקר לאדריכלות לשנת 2014. באן מאתגר וחוקר את הפוטנציאל של חומרים תקניים ושיטות בנייה מקובלות, ונודע בעולם בזכות השימוש שהוא עושה בגלילי קרטון להרכבת מבנים קלי משקל. כמה מן הפרויקטים המפורסמים שלו בתחום זה הם סדרה של "בתי קופסה" ומוזיאונים נוודיים ברחבי העולם (לרבות ניו־יורק וטוקיו).

רשת אדריכלים מתנדבים (VAN) היא ארגון ללא כוונת רווח המגיש סיוע במקרי אסון, הֵחל בסעד מיידי ועד פרויקטים ארוכי טווח של שיקום ודיור. הארגון יזם פרויקטים ביפן וברחבי העולם, ביניהם: מחסות זמניים ברואנדה (1999); פרויקט שיקום בסרי־לנקה (2005); בית ספר בצ'נגדו, סין (2008); קתדרלה בקרייסטצ'רץ', ניו־זילנד (2013); ופרויקט בתהליך ברחבי נפאל.

Ido Bruno and Arthur Brutter: Earthquake Desk, 2016

Every day, millions of children in low and middle-income countries risk death and injury in seismically unsafe schools. Schools made of adobe, heavy masonry, or concrete frames with unreinforced masonry walls are common in these countries, and can be lethal during earthquakes. Students at these schools are taught, in the case of an earthquake, to "Drop, cover and hold" beneath desks, but most desks would be crushed under heavy debris. The alternative – running out of the collapsing building – is, in most cases, neither feasible nor safe in crowded schools with few exits.

The Earthquake Desk was designed to provide a solution by offering both protective coverage and passageways for rescue-team accessibility. It can withstand vertical loads of up to one ton dropped from a height of 3.5 meters, thus providing resistance to significantly stronger impact than a common school desk. In addition, it is adapted to classroom cleaning and other routine, non-emergency needs.

This project began as Arthur Brutter's final design project in the Industrial Design Department at the Bezalel Academy of Arts and Design in Jerusalem. After two years of research and development and rigorous testing at the Construction Testing Laboratory at the University of Padua, Italy, the Earthquake Desk evolved into a life-saving product. Great effort was invested in making the desk strong enough to withstand exceptionally heavy loads, spacious enough to shelter two children, and light enough to be moved by children. It offers both protection and a passageway for rescue and escape, and is simple enough to be manufactured at an affordable price in developing countries. The patent and manufacturing rights were subsequently purchased by A.D. Meraz Industries Ltd., a furniture manufacturer based in Israel.

The Earthquake Desk is now evolving along three separate tracks:

1. A commercial product manufactured and distributed worldwide by A.D. Meraz, which is currently in the process of business development in a number of countries.
2. An ongoing academic research project concerning methods and means of creating faster and better distribution of earthquake protection through design-led collaborations between the private, governmental, non-profit, and academic sectors. The research is conducted through the RDFD (Relevant Design for Disaster) research group at the Bezalel academy of Arts and Design in Jerusalem.
3. A non-profit project carried out in Bhutan to develop the capacities of Bhutanese furniture manufacturers to produce Earthquake Desks for local schools.

Design and development: Ido Bruno, Arthur Brutter
Financing: Air Worldwide, Verisk Analytics Co., USA
Patent owner: A.D. Meraz Industries Ltd., Israel
Project management and coordination: GeoHazards International (GHI); representatives in Bhutan: Karma Doma Tshering, Sonam Tenzin
In collaboration with: School Planning and Building Department (SPBD), Bhutan Ministry of Education; Chief Engineers: Karma Sonam, Diwakar Lama, Lalit Kr. Gurung
Manufacturers: Staples & Jattu Wood Industry, Karma Steel & Wood Industry, Namgay Wood Industries, H&K, and Chima Wood Industries, all in Phuentsholing, Bhutan
Selected exhibitions and awards: Second Prize in the "Social Impact" category, CORE77 Prize (2012); "Design of the Year," Design Museum, London (2012); "Applied Design," The Museum of Modern Art, New York (2013); Red Dot Design Award (2014); "Disaster Risk Reduction Solutions," Sendai Municipal Museum, Japan (2015); "Safe and Sound," Museum of Design, Lausanne (2016).

Prof. Ido Bruno, born 1963, lives and works in Jerusalem. He is Professor of industrial design at the Bezalel Academy of Arts and Design, Jerusalem; a member of the research group Relevant Design for Disaster (RDFD), and head of IDBruno Industrial Design.
Arthur Brutter, born 1982, is a graduate of the industrial design department at the Bezalel Academy of Arts and Design, Jerusalem. He studied in the Keter Group's d-Vision program, where he currently directs a center for 3-D design. He also works as an independent designer in the field of electronic packaging and the UAV industry.

© צור קוצר

עיצוב ופיתוח: עידו ברונו, ארתור ברוטר
מימון: Air Worldwide, Verisk Analytics Co., USA
בעלי הפטנט: א.ד. מירז תעשיות בע"מ, ישראל
ניהול ותיאום הפרויקט: GHI (GeoHazards International); נציגים בבהוטן: קרמה דומה טשרינג, סונאם טנזין
בשיתוף: המחלקה לתכנון ובנייה של בתי ספר במשרד החינוך של בהוטן (SPBD); מהנדסים בכירים: קרמה סונאם, דיוואקר לאמה, לליט קר. גורונג
ייצור: סטייפלס וג'אטו תעשיות עץ, קרמה תעשיות פלדה ועץ, נמגאי תעשיות עץ, H&K, צ'ימה תעשיות עץ, כולם בפואנטשולינג, בהוטן
מבחר תערוכות ופרסים: מקום שני בקטגוריית "השפעה חברתית", פרס Core77 (2012); "עיצובי השנה", מוזיאון העיצוב, לונדון (2012); "עיצוב יישומי", המוזיאון לאמנות מודרנית, ניו־יורק (2013); פרס Red Dot, 2014; "פתרונות להפחתת סיכום באסון", מוזיאון סנדאי, יפן (2015); "בטוח ומוגן", מוזיאון לעיצוב, לוזאן (2016).

עידו ברונו נולד ב־1963; חי ועובד בירושלים; פרופסור לעיצוב תעשייתי בבצלאל, אקדמיה לאמנות ועיצוב, ירושלים; חבר בקבוצה "עיצוב יישומי לסביבות אסון" (RDFD) ומנהל את סטודיו IDBruno לעיצוב תעשייתי.
ארתור ברוטר נולד ב־1982, מעצב תעשייתי בוגר בצלאל והתוכנית d-Vision של חברת כתר־פלסטיק, שבה הוא מנהל כיום מרכז לעיצוב תלת־ממדי. פועל גם כמעצב עצמאי בתחום הזיווד האלקטרוני ותעשיית הכטב"ם.

עידו ברונו וארתור ברוטר:
שולחן-מגן לרעידות אדמה, 2016

מיליוני ילדים בארצות מתפתחות נמצאים בסיכון לפציעה או למוות כשהם שוהים בבתי ספר שאינם עמידים לרעידות אדמה. הבנייה באבן או בלבֵנים שכיחה בארצות אלו, ועשויה להיות קטלנית. התלמידים לומדים שבמקרה של רעידת אדמה עליהם לתפוס מחסה מתחת לשולחנות – אלא שרוב השולחנות לא יעמדו בעומס של תקרה או קירות קורסים. החלופה – ריצה אל מחוץ לבניין המתמוטט – היא במרבית המקרים בלתי בטוחה או כלל לא אפשרית, בייחוד בבתי ספר צפופים עם יציאות מעטות.

שולחנות-מגן לרעידות אדמה עוצבו כפתרון למצבים אלה. הם מהווים לא רק כיסוי מגן אלא גם אמצעי מילוט, בכך שהם יוצרים מעברים לגישה של צוותי ההצלה. השולחנות יכולים לשאת עומסים של עד טונה אחת הנופלת מגובה שלושה וחצי מטרים, וההגנה שהם מספקים טובה לאין ערוך מזו שנותנים שולחנות בית ספר רגילים. בנוסף הם מאפשרים גמישות בסידור הכיתה ופעולות יומיומיות אחרות בימים של שגרה.

השולחן החל את חייו כפרויקט-גמר של ארתור ברוטר במחלקה לעיצוב תעשייתי באקדמיה בצלאל בירושלים. לאחר שנתיים של מחקר ופיתוח וניסויים קפדניים במעבדה להנדסת בניין באוניברסיטת פדובה שבאיטליה, הפך השולחן מרעיון עם הוכחת היתכנות למוצר מציל חיים. מאמץ רב הושקע ביצירת שולחן שיהיה עמיד בפגיעה מאסיבית אך בה-בעת יהיה רחב דיו כדי לספק הגנה לשני ילדים, וקל דיו כך שילדים יוכלו להזיזו ממקום למקום. השולחן מספק הגנה ומשמש אמצעי גישה לצוותי הצלה, אך הוא פשוט דיו כדי שיהיה ניתן לייצור במדינות מתפתחות. בגמר הפיתוח, נרכשו הפטנט וזכויות הייצור על-ידי א.ד. מירז תעשיות בע"מ, יצרן רהיטים מישראל.

שולחן-מגן לרעידות אדמה מתפתח כעת בשלושה ערוצים נפרדים:

1. כמוצר מסחרי, המיוצר ומופץ ברחבי העולם על-ידי א.ד. מירז ומצוי כרגע בתהליכי פיתוח עסקי בכמה מדינות.
2. כפרויקט אקדמי מחקרי, הבוחן הפצה מהירה וטובה יותר של שיטות הגנה מפני רעידות אדמה תוך שימוש בעיצוב כאמצעי מגשר בין מגזרים המתקשים לפעול יחדיו: הפרטי, הממשלתי, החוץ-ממשלתי והאקדמי. המחקר מתנהל במסגרת הקבוצה RDFD (Relevant Design for Disaster) באקדמיה בצלאל.
3. כפרויקט ללא כוונת רווח במדינת בהוטן, שם הפרויקט מקדם את פיתוח יכולות הייצור של מפעלי רהיטים בשיתוף משרד החינוך של בהוטן, כדי שיוכלו לייצר שולחנות-מגן לבתי הספר המקומיים.

Michael Beach, Center for Instructional Development and Distance Education at the University of Pittsburgh: Disaster Preparedness Open Online Course, Since 2013

In 2013, Michael Beach and the University of Pittsburgh's Center for Instructional Development and Distance Education developed a Massive Online Open Course (MOOC) on the Coursera platform, titled "Disaster Preparedness." The purpose of the course was to reach people worldwide and provide them with information and practical ways to prepare themselves for a disaster.

The course covers medical and triage issues concerning those sick and injured during a disaster, and is designed to give learners an understanding of what to expect from hospitals and response teams. This information explains why those who can be saved and need immediate care are taken first, while those with minor wounds may wait for hours or sometimes days for definitive care, and why some cannot be saved.

The course also emphasizes heightening our level of awareness to the world around us and having an attitude that will increase our chances of survival and safety, as well as our enjoyment of the world's beauty. Panic kills. An attitude that allows us to make the best possible decisions under the worst possible circumstances, even when based on incomplete or wrong information, increases our chances of survival.

The course is designed to cover all of the basic needs of individuals and families without outside aid for a period of three to seven days, focusing on food, clean drinkable water, shelter, communication, security, and awareness.

Information is presented in a series of video lectures, discussions, and demonstrations. PowerPoint presentations accompany the lectures to show examples and emphasize key points.

The course is now running continuously on Coursera. A new group or cohort of learners begins every two weeks. "Disaster Preparedness" brings together diverse ideas, providing a greater understanding of what it means to be prepared.

The discussion boards also cover various ideas, tools, and methods for survival. Learners from diverse backgrounds and countries consider methods of filtering and purifying water, options for safe food (including gardening), practices for safety and security, alternatives for protective shelter, suggestions for emergency medical supplies, and strategies for communication. At times there are suggestions that may not be quite right or safe. Instructors work to monitor, clarify, and correct participant postings when necessary.

This course is not just about gathering a few supplies for some unfortunate potential event such as a hurricane, tornado, flood, or terrorist attack. It is about being prepared and caring for ourselves in emergency events as they are happening. Initially, the course was offered for six-week sessions on three separate occasions, reaching over 40,000 participants from over 100 countries and all seven continents. Course facilitation was supported by Madeline M. Georgino, a trained and knowledgeable teaching assistant. A hallmark of those first sessions was the discussion board. Through the discussion forums, instructors and students shared ideas and concerns.

There were those from Kenya who were concerned about clean water to drink daily, not just during a disaster. Others were concerned about the lack of national infrastructures and plans to respond to emergencies in their countries. There was a teacher in Syria, who was taking the course with her class and needed advice on gas masks. During the war in the Ukraine, a man living in his basement with his family during the fighting asked for advice and prayers. All of these MOOC participants received advice and support from people all over the world. Course participants really became one world dedicated to, or simply interested in, being prepared.

Dr. Michael Beach, Acute Care Nurse Practitioner, is Assistant Professor at the University of Pittsburgh School of Nursing. He was awarded his Doctorate of Nursing Practice in 2009, with an emphasis on disaster education and response. He responded with the American Red Cross to Mississippi after Hurricane Katrina; with a Disaster Medical Assistance Team to Haiti after the 2010 earthquake; and to New Jersey and Florida after Hurricanes Sandy and Matthew.

קבוצת הדיון של הקורס עוסקת ברעיונות, כלים ושיטות הישרדות שונות. תלמידים מרקעים מגוונים ומארצות שונות בוחנים שיטות לסינון וטיהור מים, עצות למזון בטוח וגינון, פרקטיקות של הגנה ובטיחות, חלופות למחסות מגן, הצעות לציוד חירום רפואי ואמצעי תקשורת. לפעמים מועלות הצעות שאינן ראויות או בטוחות, אך המדריכים דואגים לנטר, להבהיר ולתקן את הפוסטים של התלמידים בעת הצורך.

המידע הניתן בקורס אינו מסתכם באיסוף מצרכים למקרה של הוריקן, טורנדו, שיטפון או פיגוע טרור. הוא נוגע בהיערכות עקרונית למקרי חירום ובדאגה לעצמנו בעת התרחשותם.

בראשיתו חולק הקורס לסמסטרים של שישה שבועות האחד בשלושה מועדים נפרדים, וצבר כ-40 אלף משתתפים מיותר ממאה ארצות בשבע יבשות. באותם שלבים הסתייע מייקל בייץ' במדלן ג'ורג'ינו, עוזרת הוראה מיומנת ונבונה. בסמסטרים הראשונים נולדה קבוצת הדיון – פורום שבו מדריכים וסטודנטים חולקים רעיונות ודאגות. משתתפים מקניה העלו לדיון בעיה של מי שתייה נקיים לשימוש יומיומי, לא רק במקרי אסון. משתתפים מארצות אחרות התלוננו על מחסור בתשתיות ובתוכניות חירום בקני-מידה לאומי. מורה מסוריה, שלקחה את הקורס יחד עם כיתתה, נזקקה לעצה על מסכות גז. בימי הלחימה באוקראינה, אדם שהסתתר במרתף עם משפחתו פנה למשתתפי הקורס בבקשת עצה ובתפילה. המשתתפים קיבלו עצה ותמיכה מאנשים בכל רחבי העולם. אפשר לומר שבאמת ובתמים היינו לכפר אחד.

ד"ר מייקל בייץ', אח מעשי למצבי חירום ודוקטור למדע הסיעוד (2009), מרצה בבית הספר לסיעוד של אוניברסיטת פיטסבורג בתחום של חינוך למוכנות וסיוע במקרי אסון. השתתף במשלחת הצלב האדום האמריקאי למיסיסיפי אחרי הוריקן קתרינה, בצוות סעד רפואי להאיטי אחרי רעידת האדמה של 2010, ובצוותים לניו־ג'רזי ופלורידה אחרי ההוריקנים סנדי ומתיו.

מייקל ביץ', המרכז לפיתוח הוראה מרחוק וחינוך מקוון באוניברסיטת פיטסבורג: קורס מקוון פתוח ללימוד היערכות לאסון, 2013 ואילך

ב-2013 החל מייקל ביץ' לפתח – במסגרת המרכז לפיתוח הוראה-מרחוק וחינוך מקוון באוניברסיטת פיטסבורג – קורס מקוון פתוח, בשם "היערכות לאסון", לפלטפורמת הרשת Coursera. מטרת הקורס היתה להגיע לאנשים מכל רחבי העולם, עם מידע ודרכים מעשיות של היערכות עצמית למקרי אסון.

הקורס עוסק בשאלות רפואיות ובסוגיות של סדרי עדיפויות הנוגעות למי שחלו או נפצעו באסון. הוא מספק מידע על אופני הפעולה של בתי חולים וצוותי הצלה וסעד בשדה ומבהיר מה הגיוני לצפות מגורמים אלה. הוא מסביר מדוע נפגעים שבכוחם להמתין יחכו שעות ולפעמים ימים עד שיושלם הטיפול בהם; מדוע מי שעשויים להינצל וזקוקים לטיפול מיידי יטופלו תחילה; מדוע הסובלים מפציעות קלות עלולים להמתין ימים; ומדוע יהיו תמיד כאלה שאין אפשרות להצילם.

הקורס גם מעלה את דרגת המודעות לעולם סביבנו, ומעודד אימוץ גישה שתגביר לא רק את סיכויי ההישרדות ומידת הזהירות שלנו – אלא גם את הנאתנו מיפי העולם. פאניקה הורגת. גישה שתאפשר הגעה להחלטות הטובות ביותר בנסיבות הגרועות ביותר בהתבסס על מידע חסר או שגוי – תגביר את סיכויי ההישרדות.

הקורס סוקר את כל צורכי הקיום הבסיסיים הנחוצים ליחידים ומשפחות, בהעדר עזרה חיצונית, לתקופה של שלושה עד שבעה ימים, תוך התמקדות במזון, מי שתייה נקיים, מחסה, תקשורת, ביטחון וערנות לסביבה. המידע מועבר בסדרה של הרצאות וידיאו, דיונים והדגמות. מצגות PowerPoint מלוות את ההרצאות בדוגמאות מעשיות ובהדגשה של נקודות מפתח.

הקורס "היערכות לאסון" זמין כעת על פלטפורמת Coursera ברשת, כאשר כל שבועיים מצטרפת קבוצה חדשה של לומדים. הקורס נלמד על-ידי אנשים בכל רחבי העולם, ומכונסים בו רעיונות המשפרים את דרגת המוכנות של המשתתפים.

Nosigner Design: OLIVE, Since 2011

OLIVE is a wiki-style open-platform website that was launched 40 hours after the Tōhoku earthquake and tsunami occurred off the coast of Japan in March 2011. Created with the objective of sharing DIY tips and tutorials to benefit refugees, the site immediately filled with ideas and knowledge from around the world.

The website's focus is on how to improvise with available materials and objects that otherwise might be considered garbage. Examples of user-submitted ideas include "How to make a dish from a plastic bottle," and "How to make a life preserver from fisherman pants." The ideas and designs gathered through OLIVE were not only uploaded and shared online, but have begun to reach the disaster victims in print as well. Knowledge can save lives.

Nosigner is a Japanese design firm that identifies challenges in society and offers innovative solutions. The name Nosigner stands for professionals who design intangible things, referring to the firm's works beyond conventional disciplines and more holistic design model. The firm aims to create social innovation in various fields, including local industries, technology, education, sustainability, cultural exchange, and open-source design. Art direction and graphic design: Eisuke Tachikawa.

LIVE strong, Japan. Wiki to share designs, food and ideas that help living in disaster areas

LANGUAGE
日本語
한국어
中文

印刷プロジェクト
- **PDF**
  - 折り畳み冊子版
  - 各ページ版

LIVING
- **Dining**
  - Dishes
  - Cutlery
  - Water
- **Keep warm**
  - Body warmers
  - Preserve body heat with polystyrene or newspaper
  - Preserve body heat with newspaper
  - Stay warm in cardboard house
  - Hat
  - 段ボール
  - 段ボールのパーティション
  - 廃材の瓦ストーブ
  - Basics on protection against cold and hypothermia
  - ミニ キャンプ用ストーブ
  - 暖を取る方法
  - Sleeping on the ground
  - Kimono style gown from blanket
  - Preventing cold from the ground/floor
  - Use colors to raise your body temperature
  - Kimono style gown from blanket
- **Sanitary**
  - Toilet
  - Diapers
  - Hygiene Napkin
  - **Comforting Mask**
- **COSMETICS**
  - 黒バナナ化粧水
- **Commodities**
  - Cardboard Baby Sofa
  - オリーブオイルキャンドル
  - Bicycle Tube Elastic Band
  - Making your shoe waterproof and reinforced
  - Aluminum can lantern
  - Aluminum Can Stove
  - 空き缶コンロ
  - 小型電灯でランプを作る
  - A Towel as Various Ways

Commodities >

Comforting Mask

Comforting Mask
Comfort yourself with the cozy scent from your everyday life

1. Cut off one of the sleeves of a shirt and fold it over.

2. Cut off the shirttail to make 2 pieces of straps.

3. Put the straps through the folded sleeve (see the diagram below). Tie each strap at the back of your head.

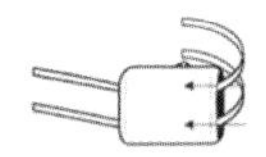

To everyone in the disaster areas,
Living in evacuation shelters is not always comfortable with unaccustomed smells around you.
However, "your cozy scent" is always with you, even though you may not aware of it.
May the scent of this mask ease you, and your children.
Also, drawing some pictures on it would make people around you smile.

Material
A long-sleeved T-shirt (one of your family member's, especially of your mother's, is recommended)

Tool
Scissors

あたためる

火をおこす

材料　スチールたわし・単一乾電池２本・粘着テープ・わりばし

ライターやマッチがなくても、スチールたわしと単一乾電池があれば火をおこすことができる。

スチールたわしを火種にする

1. 単一乾電池2本を直列につなぎ、粘着テープで固定する。

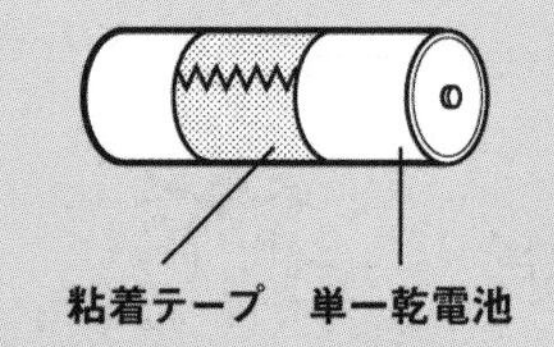

2. プラス極（突起があるほう）を下にして縦に置き、細長く伸ばしたスチールたわしの片方の先端をプラス極の下に敷く。
スチールたわしのもう一方の端をわりばしではさんで電池のマイナス極（平らなほう）に当てると、火花が散ってスチールたわしが燃え出し、火種ができる。

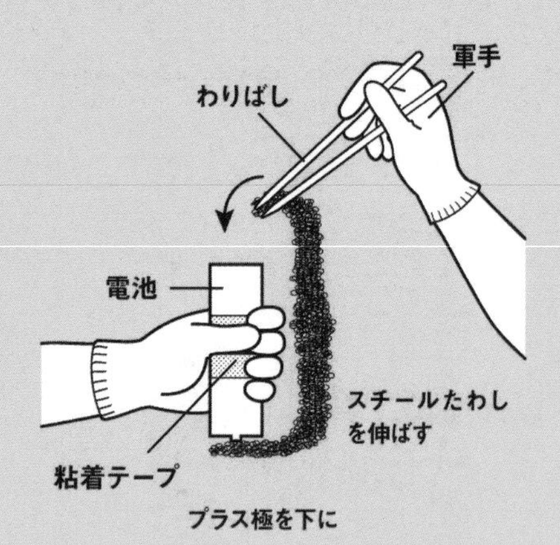

＊火花でやけどをしないよう、軍手や手袋などで手を保護しておく。
＊単一乾電池がない場合は、単二乾電池３本、もしくは単三乾電池３本でもできる。

たき火をする

あたためる

材料　新聞紙・丸太・枝・マッチ・風を送る筒

小さな火種を大きなたき火にするのには正しい手順がある。火を安定させる工夫をして、長い時間火が燃え続けるたき火にしよう。

火おこしの手順

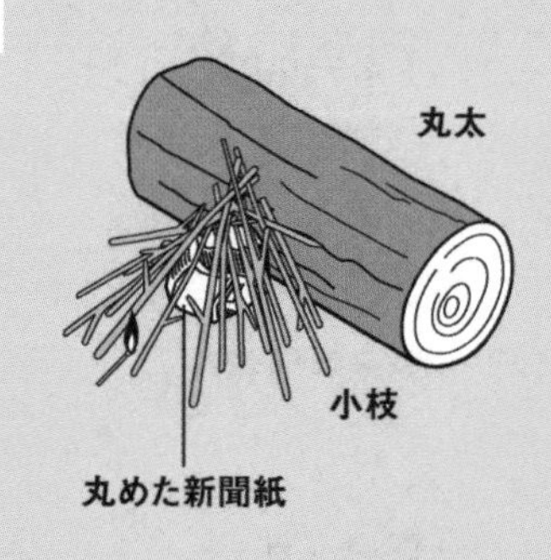

1. 乾いた丸太を置き、丸太に接するように丸めた新聞紙を置く。

2. 新聞紙に立てかけるように小枝を放射状に並べ、マッチで新聞紙に火をつける。

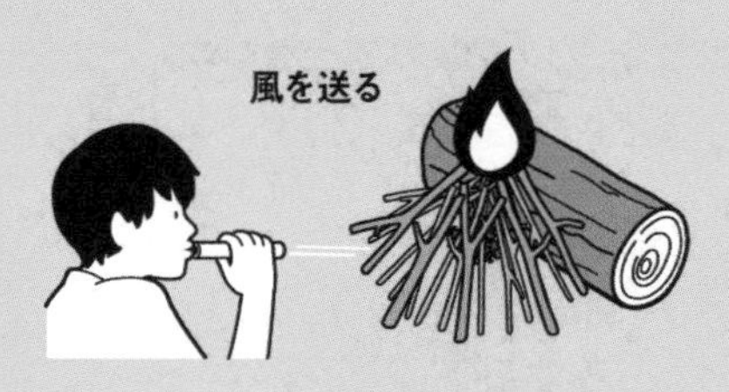

3. 新聞紙の火が小枝に移ったら、空気を送りながら様子を見る。

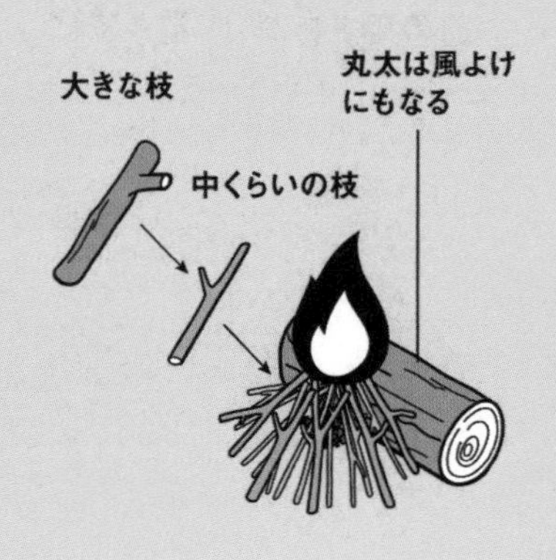

4. 火が安定したら、中くらいの枝、大きな枝の順に足していき、火を大きくしながら丸太に火を移す。
周りに落ちている燃えかすを火の中心にくべると火をより長く保つことができる。

お皿をつくる

材料	ペットボトル・カッター・はさみ

ペットボトルを切ってお皿がつくれる。繰り返し使うこともでき、使い捨てにして水を節約することもできる。

1. 2ℓのペットボトルの飲み口をカッターで切り取り、さらに縦半分に切る。

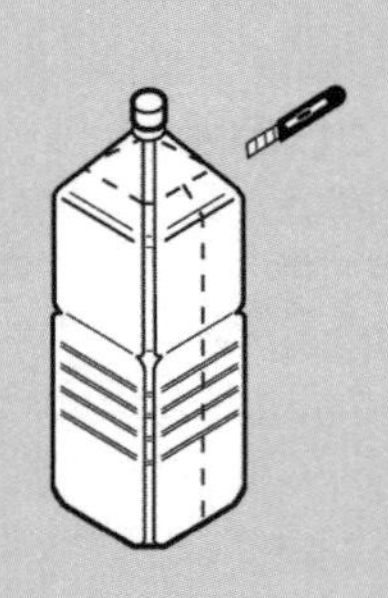

2. 底の硬い部分はカッターでは切りづらいので、大きめのはさみで切る。

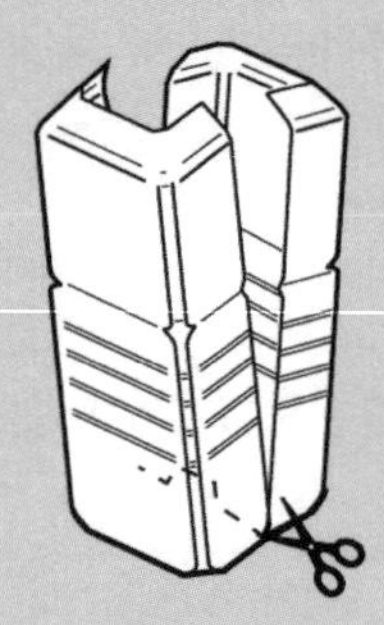

3. お皿のできあがり。重ねて収納することもできる。

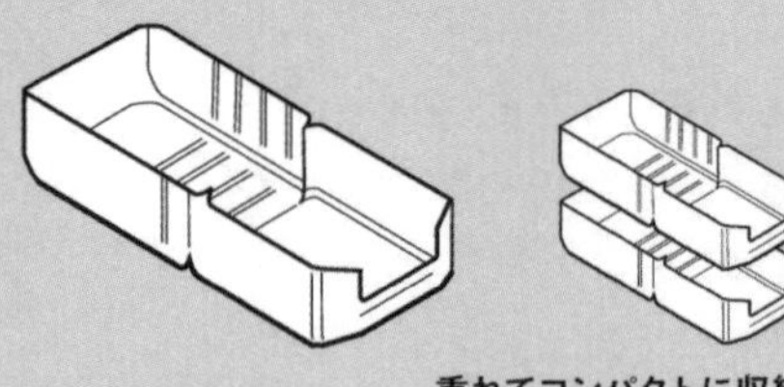

重ねてコンパクトに収納

* 食品用ラップを巻けば、洗わずに何度も使用できる。
* 工作用の大きいカッターで切ると切りやすい。

スプーンをつくる：ペットボトル

材料 ペットボトル・カッター・はさみ

ペットボトルのお皿（p.96）**と一緒に使えるペットボトルのスプーン。1本のペットボトルから何本もスプーンがつくれる。**

1. 形が丸い500mℓのペットボトルの丸みを利用して、スプーンの形に切り取る。

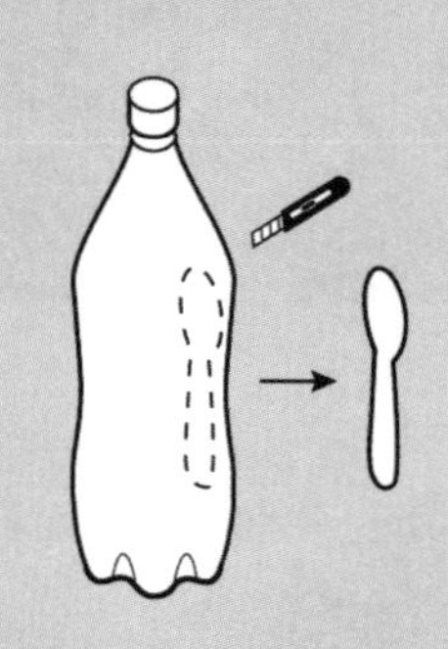

2. 口に入れる部分は、できるだけ丸く、なめらかになるようにはさみで形をととのえておく。

3. 柄の部分を縦半分に折り曲げて完成。

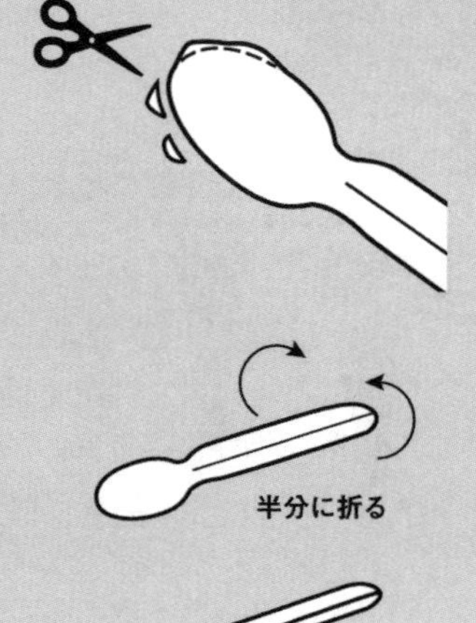

* 工作用の大きいカッターで切ると切りやすい。
* 油性ペンがあれば、スプーンの形に線を書いておくときれいに切り取れる。

P
10:00

נוסיינר מעצבים: OLIVE, 2011 ואילך

OLIVE היא פלטפורמת קוד-פתוח מטיפוס וויקי, שהושקה ארבעים שעות לאחר רעידת האדמה והצונאמי לחופי יפן במרץ 2011. האתר, שנוצר במטרה לחלוק טיפים והדרכות שונות מטיפוס "עשה זאת בעצמך" לעזרת פליטים וקורבנות אסון, התמלא מיד ברעיונות מעשיים ובידע מכל רחבי העולם.

האתר מתמקד בהוראת שימוש מאולתר בחומרים ובחפצים, שבכל מצב אחר היו נחשבים כאשפה. משתמשים העלו הצעות דוגמת "כיצד להכין קערה מבקבוק פלסטיק" או "כיצד להתגונן באמצעות מכנסי דייגים". הרעיונות והעיצובים שנאספו ברחבי OLIVE הועלו אמנם לרשת, אבל כיום הם מופצים לקורבנות אסון גם במדיום הדפוס. ידע תורם להצלת חיים.

נוסיינר הוא משרד עיצוב יפני המזהה אתגרים חברתיים ומציע פתרונות חדשניים. השם מורה על בעלי מקצוע המעצבים דברים מופשטים, חורגים מתחומי העיצוב הקונוונציונליים ונשמעים למודל עיצוב הוליסטי יותר. המשרד מבקש לקדם חידושים חברתיים בשדות מגוונים, לרבות תעשיות מקומיות, טכנולוגיה, חינוך, קיימות, חליפין תרבותיים וקוד פתוח. ניהול אמנותי ועיצוב גרפי: איסוקה טאצ'יקאווה.

Field Ready: Humanitarian Supplies Made-in-the-Field, Since 2012

In the aftermath of disaster, those living in ravaged communities struggle to stay alive and maintain human dignity. Efforts to deliver the right support to the right individual at the right time frequently meet with an array of natural and manmade obstacles. Political and societal blocks such as religious beliefs and widespread corruption further perpetuate the cycle of human suffering.

Field Ready – a non-governmental, non-profit organization – was founded to meet urgent humanitarian needs by providing on-the-spot products such as medical supplies, search and rescue tools, and devices to secure clean water. Additionally, Field Ready delivers the education and training necessary to help affected populations identify specific needs and create the products required for disaster recovery. The self-sufficiency generated by the transfer of knowledge from Field Ready team members to local leaders enhances the recovery phase by empowering survivors, accelerating the recovery process, and significantly boosting resilience.

The use of additive manufacturing – a 3-D printing process that enables the hyper-local creation of complete, solid objects – results in feasible, functional products in a fraction of traditional delivery time. Incorporating the principles of relevancy, efficacy and ease of production, Field Ready's unique approach of combining cutting-edge technology and traditional methods of production creates innovative and immediately applicable designs.

Field Ready works in and with the affected communities. This respectful, collaborative, on-the-ground presence provides a profound understanding of local assets and challenges. Building on local capabilities, this inclusive, action-oriented philosophy allows for multiple design iterations, shared discovery, and remarkable results.

One of Field Ready's first successes occurred in Haiti, with the creation of onsite medical disposables that allowed rural health practitioners to deliver a higher standard of medical care. In the last year, Field Ready has fixed antiquated machinery in Nepal, solved water challenges in IDP (Internally Displaced Persons) camps, and developed low-cost hydraulic lifters crucial to search and rescue missions. In 2016 alone, the organization's team trained over 400 people, supplying local communities with access to new forms of production and needed goods. Most recently, with the creation of the Rapid Emergency Deployment (RED) team, Field Ready has added the ability to respond to large-scale disasters within 72 hours.

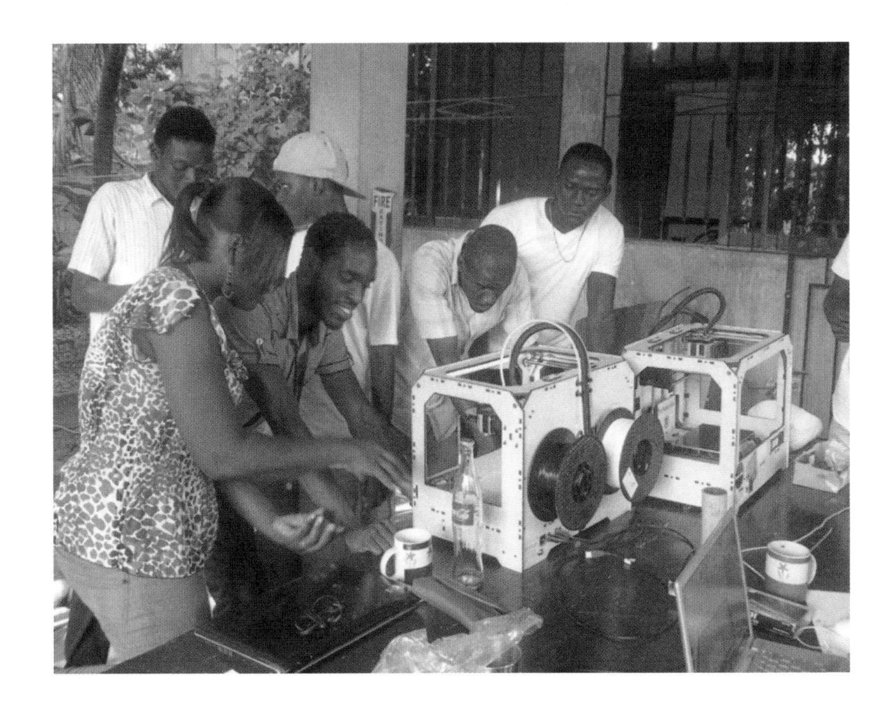

Field Ready, a non-governmental, non-profit organization, was founded by multi-national professionals specializing in humanitarian relief, technical services, design, and engineering. The organization's action-oriented philosophy has focused on getting people what they need when they need it, finding innovative solutions to humanitarian crises, and striving to restore dignity, hope, and quality of life. In May of 2016, the Obama administration honored a Field Ready co-founder as a member of "Champions of Change," a distinction awarded to individuals and endeavors that make a difference through service and innovation. Later that month, the organizers of the World Humanitarian Summit in Istanbul, Turkey, recognized Field Ready as one of the Top Five Innovations in the humanitarian sector. Team: Eric James, Ph.D in International Development, Fellow of the Harvard Humanitarian Initiative (director); Dara Dotz, pioneer in 3-D printing in austere environments (design); Laura James, Ph.D in engineering, development director for the Innovation Labs, University of Cambridge (engineering); Andrew Lamb, former CEO of Engineers Without Borders and a contributor to various media outlets (innovation); Mark Mellors, MEng in Mechanical Engineering, University of Cambridge, experienced in rapid manufacturing and operating of maker spaces (manufacturing); Abi Bush, MEng in Manufacturing Engineering, University of Cambridge (Nepal program); Barbara Myers (communications); John Cindric (logistics & operations); Jason Mirandilla (adminstration & finance).

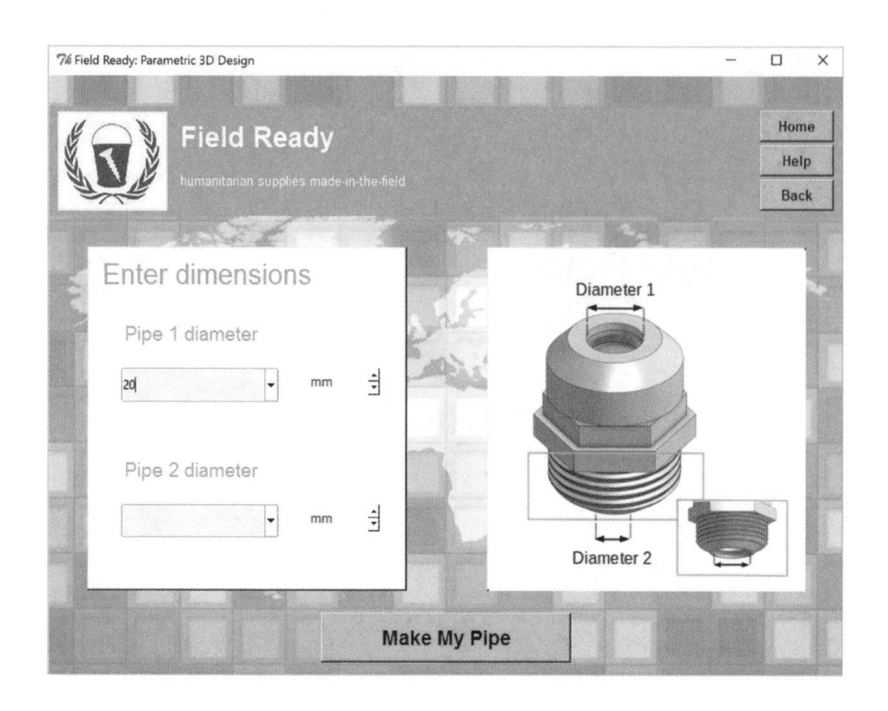
Field Ready: Parametric 3D Design
Field Ready
humanitarian supplies made-in-the-field
Home
Help
Back
Enter dimensions
Pipe 1 diameter
20
mm
Pipe 2 diameter
mm
Diameter 1
Diameter 2
Make My Pipe

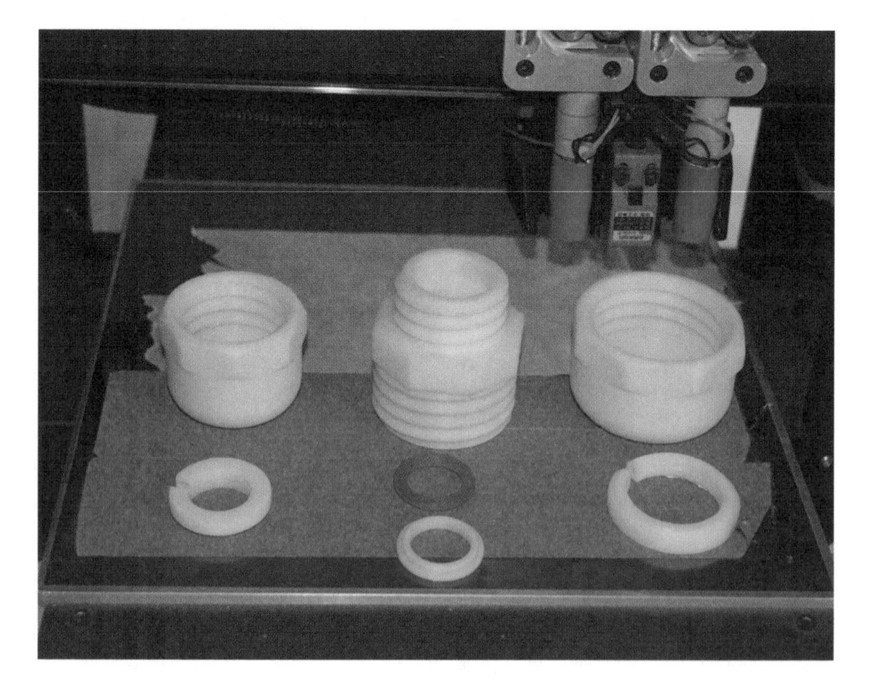

Field Ready: ציוד הומניטרי לייצור בשטח, 2012 ואילך

בקהילות שחוו אסון טבע, אנשים נאבקים להישאר בחיים ולשמור על צלם אנוש. המאמץ להעניק את הסעד הנחוץ לאנשים הנכונים בזמן המתאים נתקל לא-פעם במגוון של מכשולים טבעיים והפרעות מעשה ידי אדם. מחסומים פוליטיים וחברתיים, המעוגנים באמונות דתיות ובשחיתות, מאריכים לשווא את מעגלי הסבל האנושי.

Field Ready – ארגון לא-ממשלתי ללא כוונת רווח – נוסד כדי לתת מענה לצרכים הומניטריים דחופים בהעֲמדה מיידית של ציוד רפואי, כלי איתור והצלה ואמצעים לטיהור מים. בנוסף, הארגון מעניק לאוכלוסיות הפגועות את ההכשרה הנחוצה לאבחון צרכים ולייצור מוצרים חיוניים לצורכי ההתאוששות והשיקום. הנְחלת הידע על-ידי צוותי Field Ready מעצימה את הניצולים, והעצמאות הנרכשת בתוך כך תורמת להאצת תהליך השיקום ומחזקת באורח משמעותי את החוסן הקהילתי.

השימוש במדפסות תלת-מימד לחיזוק הייצור ההיפר-מקומי – דהיינו, אובייקטים המיוצרים בשלמותם במקום אחד – מניב מוצרים פונקציונליים בשבריר של זמן הייצור המסורתי. הגישה הייחודית של Field Ready – שביסודה שילוב של טכנולוגיה עכשווית ושיטות ייצור מסורתיות שהוכחו כיעילות ורלוונטיות – מניבה עיצובים יצירתיים הניתנים ליישום מיידי.

צוותי Field Ready עובדים בתוך ועם קהילות פגועות. הנוכחות בשטח ושיתוף הפעולה עם המקומיים באים לידי ביטוי בהבנה מעמיקה של הנכסים והצרכים המקומיים. הפילוסופיה המכילה הזאת, המתבססת על יכולות מקומיות, מניבה מבעי עיצוב רבגוניים, תגליות משותפות ותוצרים ראויים לציון.

אחת ההצלחות הראשונות של Field Ready היתה בהאיטי, כאשר עזרים רפואיים לשימוש חד-פעמי יוצרו בשטח ואיפשרו לצוותי רפואה כפריים להעניק טיפול ברמה משופרת. ב-2015 הצליח צוות Field Ready להחזיר לשימוש מיכון מיושן בנפאל, מצא פתרון לבעיית מי השתייה במחנות הפליטים הפנימיים, ופיתח מסנני מים זולים החיוניים למשימות ההצלה. ב-2016 לבדה הכשיר הארגון יותר מ-400 בני אדם, הנחיל לקהילות מקומיות צורות ייצור חדשות והעמיד לרשותן מצרכים נחוצים. לאחר הקמת RED (צוות פרישׂה מהירה בעִתות חירום), Field Ready כשיר גם לספק מענה מהיר, תוך 72 שעות, לאסונות בקנה-מידה גדול.

Field Ready, ארגון לא־ממשלתי ללא כוונת רווח, נוסד על־ידי צוות רב־לאומי של מומחים לסיוע הומניטרי, מהנדסים ומעצבים. הארגון שם לו למטרה לתת לאנשים את מה שהם צריכים בזמן שהם צריכים, תוך העֲמדת פתרונות חדשניים למשברים הומניטריים וחתירה לשיקום הכבוד האנושי, התקווה ואיכות החיים. במאי 2016 העניק ממשל אובמה לארגון את אות "לוחמי השינוי" - ציון לשבח המוענק ליחידים ולגופים שמקדמים באורח משמעותי את תחומי הסיוע ההומניטרי. באותו חודש צוין Field Ready, על־ידי הוועידה ההומניטרית העולמית באיסטנבול, כאחד מחמשת הגופים החדשניים ביותר במגזר. צוות: אריק ג'יימס, דוקטור לפיתוח בינלאומי ועמית היוזמה ההומניטרית של אוניברסיטת הרווארד (מנהל); דארה דוץ, מפתחת מדפסות תלת־מימד לסביבות קשות (עיצוב); לורה ג'יימס, דוקטור להנדסה ופיתוח, מנהלת מעבדת החדשנות של אוניברסיטת קיימברידג' (הנדסה); אנדרו לאמב, לשעבר מנכ"ל "מהנדסים ללא גבולות", כותב ומפרסם בקביעות על נושאי הנדסה (חדשנות); מארק מלורס, תואר שני בהנדסה מכנית מאוניברסיטת קיימברידג', מומחה לייצור מהיר והפעלה של סדנאות שטח (ייצור); אבִּי בוש, תואר שני בהנדסה מאוניברסיטת קיימברידג' (תוכנית נפאל); ברברה מאיירס (תקשורת); ג'ון סינדריק (לוגיסטיקה ומבצעים); ג'ייסון מירנדילה (מנהל וכספים).

Burners Without Borders (A Burning Man Project): ***Burn on the Bayou*** **(Hurricane Katrina), 2005-06**

Tom Price, video, 29 minutes

For close to three decades, the annual Burning Man gathering in Nevada's Black Rock Desert has been a communal celebration of various forms of artistic self-expression. During the 2005 Burning Man event, Hurricane Katrina grew into a Category 5 storm that hit the Gulf Coast, devastating parts of Mississippi and Louisiana. Throughout the duration of the storm, news spread through word-of-mouth and fragmentary radio reports.

Burning Man participants scrambled to find satellite phones to contact loved ones and collect money and relief supplies. Some participants dropped everything, loaded up whatever trucks and vehicles they could find, and drove south. Within days, an unlikely caravan was headed into the disaster zone.

As the number of volunteers grew, they focused their rebuilding efforts on a destroyed Vietnamese Buddhist temple in Biloxi, Mississippi. After several months, they moved to nearby Pearlington, Mississippi, to continue the work, gifting their time to help those in need. Over the course of nine months, more than 150 volunteers gifted over $1 million dollars worth of reconstruction and debris removal to the residents of Mississippi.

Art has always been at the center of Burning Man, and the group also pioneered the use of art in disaster zones. For example, when they found ornate wood that had no other use, they would put it aside. On the weekend, they would build art and invite community members to come and burn it with them. The practice brought forth spiritual eloquence to match the physical rebuilding of their homes, as well as creating a gathering place for the displaced community.

Burning Man participants (often called Burners) found that the skills they had been developing by creating art and community in the harsh western deserts of Nevada were immediately applicable to disaster zones. When someone coined the term "Burners Without Borders," a new ethos was born.

CHUA VAN DUC
BUDDHIST TEMPLE

DOOSAN
DAEWOO

ברנרים ללא גבולות (ברנינג מן):
שריפה בשפך הנהר (הוריקן קתרינה), 06–2005

טום פרייס, וידיאו, 29 דקות

זה קרוב לשלושה עשורים, המפגש השנתי של "ברנינג מן" במדבר נוואדה מהווה חגיגה קהילתית של שלל מבעים אמנותיים. במהלך אירועי "ברנינג מן" של 2005, היכתה הוריקן קתרינה בחופי מפרץ מקסיקו והחריבה בדרכה חלקים ממיסיסיפי ולואיזיאנה. השמועות על השתוללות הסופה עברו מפה לאוזן בין משתתפי האירוע, וגובו בדיווחי רדיו מקוטעים.

משתתפי "ברנינג מן" קוששו קליטה סלולרית כדי להתקשר ליקיריהם, והמשיכו באיסוף כספים ומצרכים לסיוע. כמה מן המשתתפים עזבו הכל, העמיסו כל מה שאפשר על משאית או כל כלי רכב שיכלו למצוא, ויצאו דרומה. תוך כמה ימים החלה השיירה המאולתרת לעשות את דרכה אל אזור האסון.

מספר המתנדבים הלך וגדל, ומאמצי השיקום התמקדו תחילה במקדש בודהיסטי-וייטנאמי חָרֵב בבילוקסי, מיסיסיפי. כעבור כמה חודשים עברו המתנדבים לעיירה הסמוכה פרלינגטון, שם המשיכו בעבודתם והקדישו את זמנם לעזרה לנזקקים. במרוצת תשעת החודשים הבאים, כ-150 מתנדבים העניקו לתושבי מיסיסיפי סיוע בשווי למעלה ממיליון דולר, שהתמקד בבינוי מחודש ופינוי הריסות.

אמנות תמיד היתה מוקד העניין של "ברנינג מן", שהוליד קבוצה חלוצה בשימוש באמנות באזורי אסון. כך, למשל, אם מתנדב מצא פיסת עץ מקושטת שלא היה לה כל שימוש אחר, היו מניחים אותה בצד ובסוף השבוע משלבים אותה בבניית פסל ומזמינים את הקהילה לשרוף אותו בצוותא. העשייה הזאת יצרה אווירה רוחנית ההולמת את פרויקט השיקום ומקום מפגש לקהילה העקורה.

הכישורים שפיתחו משתתפי "ברניג מן", הקרויים "ברנרים", ביצירת אמנות קהילתית בתנאי המדבר הצחיחים של מערב נוואדה – התגלו כשימושיים ביותר בסיוע לאזורי אסון. מישהו טבע את המונח "ברנרים ללא גבולות", ואתוס חדש נולד.

Burners Without Borders (A Burning Man Project): *Pisco sin Fronteras* (Pisco, Peru), 2007–12

Jefe and Kelly Greenheart (Circus Picnic Studios),
HD video, 10:13 minutes

On August 15, 2007, a 7.9 magnitude earthquake devastated Peru, destroying 80% of the homes in Pisco, killing around 600, and displacing 50,000. The earthquake left many people living in makeshift housing made of cardboard and scrap wood. Burners Without Borders volunteers travelled to Pisco almost immediately after the Burning Man 2007 event and started to get involved.

A year later, in 2008, Pisco sin Fronteras (PSF) was born. This local NGO, run by both international volunteers and locals, started to extend BWB's work. Thousands of volunteers from 23 nations joined in, as did established groups such as Doctors without Borders and the International Committee of the Red Cross.

Over six years, volunteers worked to build homes, schools, and sanitation systems. They introduced earthbag building techniques and biodiesel energy to the region. They created educational opportunities for studying English and circus arts and learning about the ecological dangers of dynamite fishing. A community of young children still enjoys the first playground Pisco had ever seen, complete with swings and a seesaw.

GRATIS
INTERCAMBIO
CULTURA

WASH
TANK
#1
WASH
TANK
#2
DRYING
TANK
BIO

ברנרים ללא גבולות (ברנינג מן):
פיסקו ללא גבולות (פיסקו, פרו), 12–2007

ג'ף וקלי גרינהרט (Circus Picnic Studios),
וידיאו HD, 10:13 דקות

ב-15 באוגוסט 2005 הרעיד את פרו רעש אדמה בעוצמה 7.9 בסולם ריכטר, הרס כ-80% מהבתים בפיסקו, הרג כ-600 בני אדם ועקר מביתם כ-50 אלף. רבים מניצולי הרעש מצאו את עצמם בבתים מאולתרים מקרטון ופסולת קרשים. מתנדבי "ברנרים ללא גבולות" נסעו לפיסקו מיד לאחר אירועי "ברנינג מן" של 2007, והחלו לפעול בסביבה.

שנה לאחר מכן, ב-2008, נוסדה הקבוצה "פיסקו ללא גבולות" – ארגון לא-ממשלתי מקומי, שהרחיב את הפעילות של "ברנרים ללא גבולות" והונהג על-ידי מתנדבים בינלאומיים ומקומיים כאחד. לארגון הצטרפו אלפי מתנדבים מ-23 מדינות, לצד קבוצות כמו "רופאים ללא גבולות" והצלב האדום הבינלאומי.

במשך שש שנים פעלו המתנדבים בהקמת בתים, בתי ספר ומערכות תברואה. הם הכירו למקומיים טכניקות בנייה העושות שימוש בשקי אדמה ובאנרגיית ביו-דיזל. הם העבירו שיעורי אנגלית וסדנאות לאמנויות הקרקס, או להכרת הסכנות האקולוגיות של השימוש בדינמיט לצורכי דיג. ילדי הסביבה נהנים עדיין ממגרש המשחקים הראשון שנראה אי-פעם בפיסקו, ובו נדנדות ומִתקני משחק מסוגים שונים.

Burners Without Borders (A Burning Man Project): Mobile Resource Unit, 2016

Christopher Breedlove, documentary photographs and illustrations

The Burning Man event may stress "immediacy," but it is also about the future. At Burning Man 2016, Burners Without Borders prototyped their first mobile makerspace, called the Mobile Resource Unit (MRU). The MRU is a seven-meter-long refurbished shipping container filled with tools, advanced manufacturing equipment, and supplies for making prototypes and art that can be easily shipped into areas of need, such as disaster relief zones, impoverished neighborhoods, or refugee camps.

The MRU provides the following support to communities in need: 1. It acts as a tool-lending library and a place to repair machinery parts in order to build infrastructures or art; 2. It provides opportunities for skill-sharing and learning; 3. It creates a makerspace for engaging in self-expression, art, and other "cultural relief" activities. In many cases, the populations that the MRU was planned to service have skills but lack the tools for improving their own communities. The MRU's lending library and accessibility to tools, resources, and educational materials addresses this issue.

After a successful preview in Black Rock City, Nevada, the assets from the MRU traveled to Kathmandu, Nepal, for the world's first humanitarian Maker Faire, where they were donated to continue helping the community recover from the 2015 earthquake.

The MRU can be shipped anywhere in time of need, producing critical items without the delays of supply-chain logistics. It is a center of gravity for people who can teach and assist each other. Technology and generosity combine to help people reimagine their worlds and then create them.

The MRU would not be possible without the essential collaboration of multiple partners, including ReAllocate, Communitere, The Gate 510, and The Art Crawler.

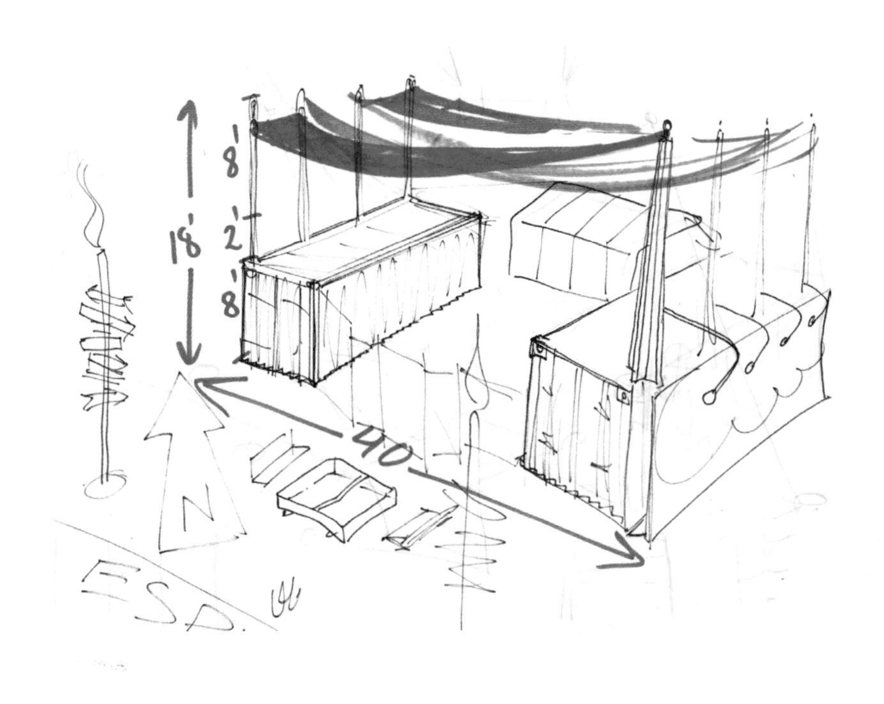

Burners Without Borders is a grassroots, volunteer-driven, community leadership program, and part of the Burning Man Project. Its goal is to unlock the creativity of local communities and solve problems that bring about meaningful change. BWB promotes activities around the globe that support a community's inherent capacity to thrive by encouraging innovative relief solutions and community resiliency projects that make a positive impact. BWB believes that people have the inherent capacity to solve their own problems and that social transformation is within reach of all communities. Founded by Burning Man participants who instinctively gathered in the 2005 Hurricane Katrina disaster zone, BWB has grown into a dynamic, international, community-activation endeavor. Since its inception, BWB has participated in over 123 projects in 29 countries – from fostering entrepreneurship in Haiti with marginalized artists, to an award-winning alternative currency system for Kenya's poorest. There are 26 active BWB chapters across the US, Canada, and Australia, which are known for the unbridled creativity its members bring to every civic project they initiate. You need not participate in Burning Man to be Burner without Borders. **Burning Man Project** brings experiences to people in grand, awe-inspiring and joyful ways that lift the human spirit, address social problems, and inspire a sense of culture, community and personal engagement.

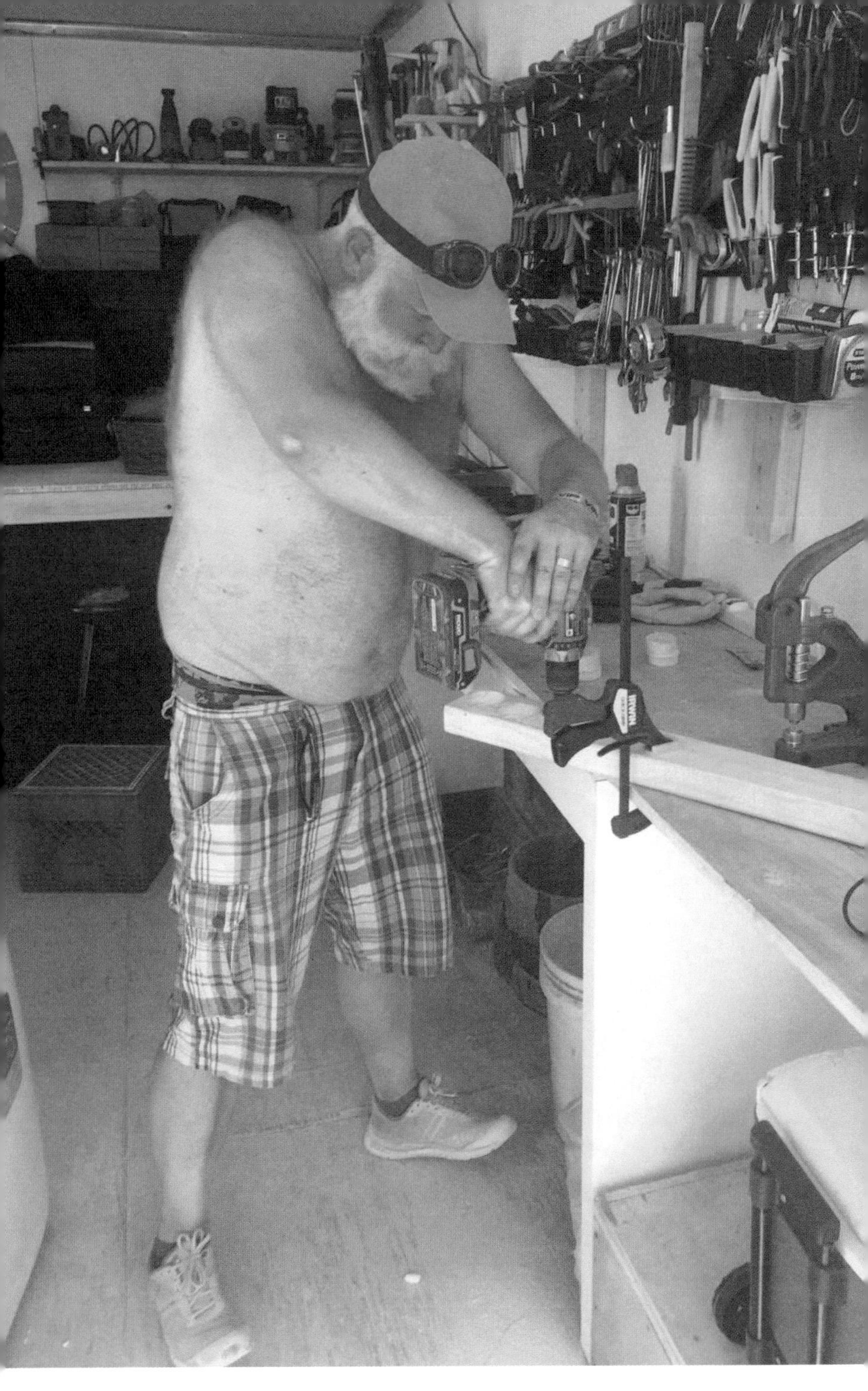

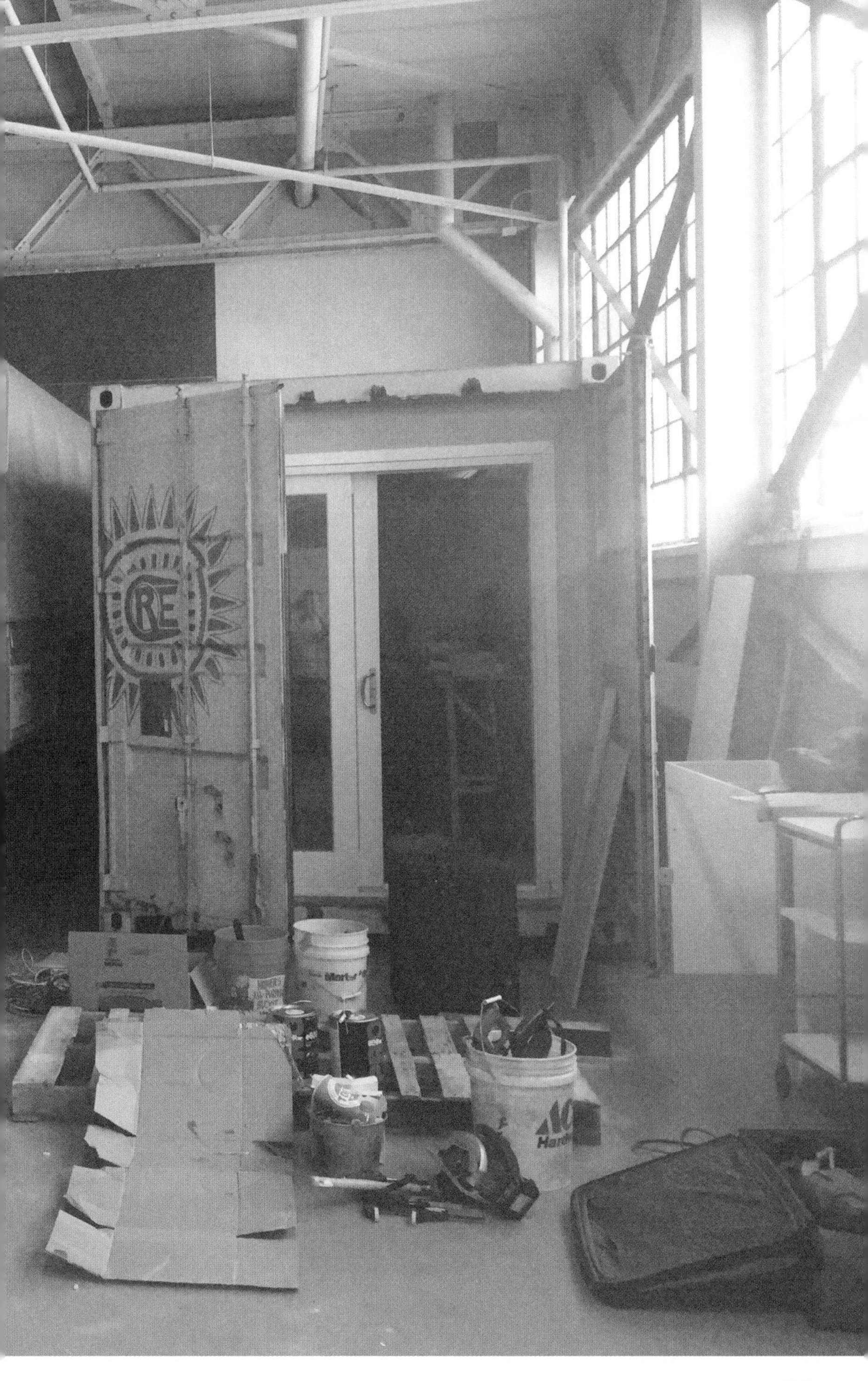
RE

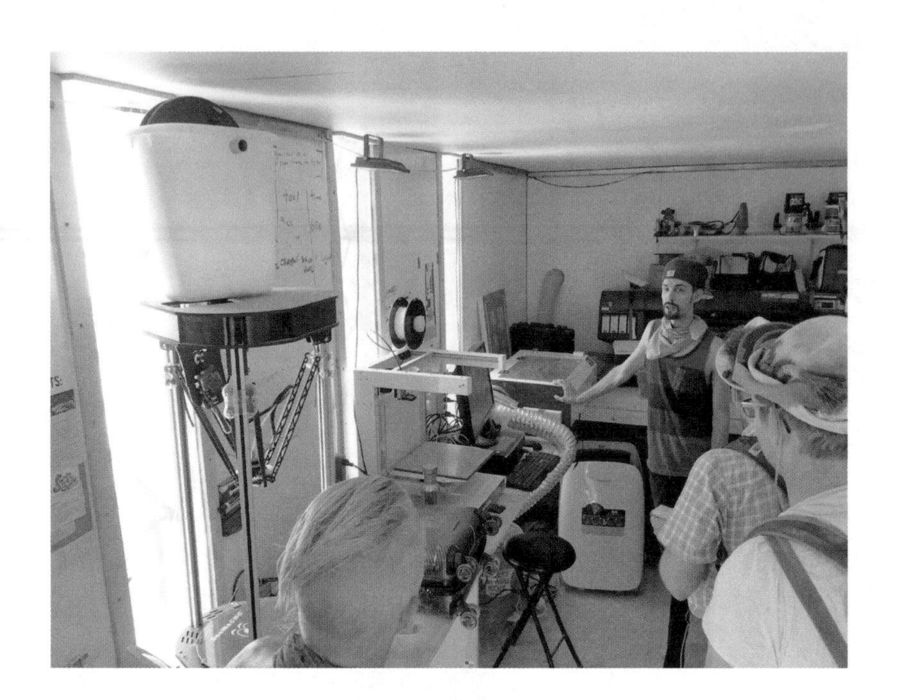

ברנרים ללא גבולות (ברנינג מן):
יחידת משאבים ניידת, 2016

כריסטופר ברידלאב, תצלומים ואיורים תיעודיים

״ברנינג מן״ מעלה על נס את הרגע, אבל לא שוכח לשלוח מבט גם אל העתיד. באירועי ״ברנינג מן״ של 2016, ״ברנרים ללא גבולות״ יצרו אבטיפוס של מעבדת יצירה בשם ״יחידת משאבים ניידת״ – מכולת תובלה משופצת באורך שבעה מטרים, שמולאה בכלים, ציוד משוכלל וחומרי יצירה שונים, שאפשר להסיעם בקלות למקומות הסובלים ממצוקה כמו אזורי אסון, שכונות עוני או מחנות פליטים.

״יחידת משאבים ניידת״ מעניקה לקהילות נזקקות את סוגי הסעד הבאים: 1. היא פועלת כספריית השאלה של כלים וכסדנה ניידת לתיקון חלקי מכונות, לשיקום תשתיות או ליצירת אמנות; 2. היא מהווה סביבה לשיתוף של מיומנויות וללימוד; 3. היא מעין מעבדה המקדמת הבעה עצמית, יצירה אמנותית ופעילויות של ״תרפיה בתרבות״. במקרים רבים, אוכלוסיות היעד עשירות בכישורים אך חסרות את הכלים לקידום הקהילה. ספריית ההשאלה של ״יחידת משאבים ניידת״ – שתכליתה נגישות לכלים, משאבים וחומרי לימוד – עונה על בעיה זו.

לאחר ניסוי כלים מוצלח בבלק-רוק סיטי, הוסעה ״היחידה״ ליריד ה-Maker Faire ההומניטרי הראשון בקטמנדו, נפאל, ותכולתה נתרמה למעבדת היצירה החדשה של סניף Communitere בנפאל, שימשיך לסייע לקהילה להשתקם מרעידת האדמה של 2015.

״היחידה״ יכולה להישלח לכל מקום בעת הצורך, תוך עקיפת העיכוב שנגרם כתוצאה מן הסרבול הלוגיסטי של האספקה והשינוע. בכל מקום שבו היא חונה, היא מושכת אליה אנשים שבכוחם ללמוד, ללמד ולעזור זה לזה. שילוב כזה בין טכנולוגיה ונדיבות מסייע לאנשים לדמיין מחדש את עולמם, כדי שיוכלו לשוב ולברוא אותו בעתיד.

״יחידת המשאבים הניידת״ לא היתה מסתייעת בלעדי שיתוף הפעולה החיוני של גורמים רבים, ביניהם ReAllocate, Communitere, The Gate 510 ו-The Art Crawler.

ברנרים ללא גבולות, פרויקט של ״ברנינג מן״, היא תוכנית מתנדבים עממית לקידום מנהיגות קהילתית. מטרת התוכנית לשחרר את היצירתיות של קהילות מקומיות, כדי לפתור בעיות ולחולל שינוי משמעותי. ״ברנרים ללא גבולות״ פועלים סביב העולם לקידום חוסן קהילתי ופתרונות יצירתיים למצבי מצוקה. הם מאמינים בכישורים המולדים של יחידים וקהילות, ביכולתם לפתור את הבעיות של עצמם ולחולל תמורה חברתית. מיוזמה של משתתפי ״ברנינג מן״ ב-2005 שיצאו לאזור האסון של הוריקן קתרינה, היו ״ברנרים ללא גבולות״ לפלטפורמה של פעולה קהילתית בינלאומית. הם השתתפו מאז ביותר מ-123 פרויקטים ב-29 ארצות - החל בעידוד יזמות בהאיטי בשיתוף עם אמני שוליים, ועד לשיטת מטבע חלופית (זוכת פרסים) לשימושם של עניי קניה. כיום פועלים ברחבי ארה״ב, קנדה ואוסטרליה 26 סניפים של ״ברנרים ללא גבולות״, הידועים ביצירתיות הבלתי מרוסנת שחבריה מביאים איתם לכל פרויקט אזרחי שהם נוטלים בו חלק. אין צורך להשתתף ב״ברנינג מן״ כדי להיות ״ברנר ללא גבולות״.

מסקנות סופיות

ההיכרות עם שיטת הג׳יגים הוכיחה את עצמה: העובדים קיבלו כלי מדויק וקל לשימוש, שמסייע להם לייצר חלקים מושלמים. הם יכולים לייצר במהירות וביעילות עבודה ברמה גבוהה ולזכות בהערכתם של מנהלי העבודה. היצרנים מאושרים לגלות שישנן מעט מאוד טעויות ייצור ואין אובדן זמן או חומרי גלם. מהנדסי ה-SPBD נחשפו לכלי מצוין של בקרת איכות: בעזרתו, חלקים שלא בוצעו כראוי לא יעברו בין שלבי הייצור. הצוות כולו מרוצה מכך שיינתנו בידיו כלים אובייקטיביים המאפשרים ייצור מקצועי של שולחנות, שיעמדו בתקני הדיוק והאיכות הנדרשים.

שיטת העבודה החדשה, השכל הישר וכושר האילתור המצוין של הצוות איפשרו פתרון זריז של בעיות בזמן-אמת ופיצו על הזמן והמאמץ שהלכו לאיבוד קודם לכן בעבודה עם כלים וחומרים לא מספקים. זוהי נקודה קריטית: בעיות תמיד יצוצו, והיכולת למצוא פתרונות מהירים וראויים היא ערך ראשון במעלה לכל סביבת ייצור. מובן שהיצרנים יצטרכו בעתיד לרכוש כלים תעשייתיים באיכות טובה יותר, כדי לייעל את העבודה ולשפר את איכות המוצר.

לבד משיפורים קלים אלה, נראה שהתעשייה המקומית הצעירה הזאת ערוכה כיום לייצר שולחנות-מגן באיכות טובה. צוות ה-SPBD נלהב מהפרויקט ויקדם את הכנסת השולחן לבתי הספר. כעת, כשמהנדסי ה-SPBD מכירים ומבינים היטב את שיטת העבודה עם ג׳יגים, נראה שיצליחו להפעיל ללא קושי את הליכי בקרת האיכות הנחוצים.

ראו עמ׳ 41.

שולחן בהוטני סטנדרטי קרס כליל תחת עומס של 365 ק"ג. שולחן־מגן לרעידות אדמה מתוצרת בהוטן עמד במבחן ריסוק של 422 ק"ג (צילום: סולי באבא)

הציור על לוח השולחן הוכן לציון השלמת השלב הראשון בפרויקט בהוטן: "גלגל הדהרמה" הוא אחד הסמלים החשובים בבודהיזם הטיבטי; הצבאים מתייחסים לדרשה הראשונה של בודהה, שנערכה (לפי המסורת) בפארק הצבאים בסארנאת (צילום: עידו ברונו)

עיצוב השולחן וייצורו הסופי: ארבעה צבעים נבחרו מקטלוגים מקומיים, באופן שמאפשר חופש בחירה מסוים למזמיני השולחנות תוך שמירה על אחידות כללית. שני גוני ירוק ושני גוני כחול נבחרו בשיתוף עם בעלי המפעל, והמסגרות שנצבעו בהם נראות נפלא. לוחות השולחן מ"דגם בהוטן" הושלמו והותקנו על שִׁלדות הפלדה.

מורים, תושבים ויצרנים מקומיים נאספים כדי לצפות במבחן הריסוק של שולחן רעידת האדמה (צילום: סולי באבא)

היום השביעי, 31 בינואר

יום אחרון לסדנה ויומו של מבחן הריסוק הפומבי. אזורים לצפייה בטוחה סומנו באופן ברור לאורחים הצפויים להגיע. הצבּעים משלימים את ריסוס הצבע על השִׁלדות. תצוגה של ג'יגים ושולחנות מוגמרים מוצבת בחצר. לאורחים ניתנת הזדמנות לראות מקרוב ולהבין את השלבים השונים בתהליך העבודה והייצור. מבחן הריסוק הראשון, עם מטען במשקל 356 ק"ג, נערך לשולחן בית ספר בהוטני סטנדרטי. השולחן הסטנדרטי ניזוק באופן חמור. מבחן הריסוק הסופי לשולחן-מגן לרעידות אדמה מתוצרת בהוטן מתבצע עם מטען במשקל 422 ק"ג. הגבלנו את המשקל מפני שהשקים שלנו נתפרו מאריג שלא היה כשיר לשאת משקל נוסף. מבחנים נוספים נדרשים כדי לקבוע אם שולחן המגן יעמוד בעומסים כבדים יותר.

כמה תובנות לסיכום המבחן: ה"חלל הבטוח" מתחת לשולחן נותר ללא שינוי כנדרש. לוח השולחן נשאר מחובר היטב למסגרת כנדרש. אפשר לומר ששולחן רעידות האדמה מ"דגם בהוטן" הוכיח את עצמו היטב.

מחשבות לסיכום היום השביעי: מבחן הריסוק הפומבי היה מבחינתנו הזדמנות להסביר את חשיבותו של ריהוט המגן לבטיחותם של ילדי בית הספר, ולקדם את הפרויקט בקרב מקבלי ההחלטות שהגיעו לאירוע. הצפייה במבחן הריסוק היתה אמצעי המחשה משמעותי: המבחן הדגים את האפקטיביות של השולחן ותִקשר את הצורך בטיפוח מוכנוּת למצבי אסון.

אלמנט מסגרת של שולחן־מגן מ"דגם בהוטן". החריצים ממולאים בשבבים של עץ אדמדם, שתפקידם פונקציונלי ואסתטי כאחד (צילום: עידו ברונו)

מחשבות לסיכום היום החמישי: היום כבר ברור מעל כל ספק שבסוף סדנת ההכשרה נוכל לבצע את מבחני הריסוק. שיחות עם משתתפי הסדנה העידו שהם חדורי מוטיבציה למלא את המשימה: הגנה על ילדי בתי הספר באמצעות שולחנות-מגן לרעידות אדמה.

היום השישי, 30 בינואר

סיור באתרי ייצור אחרים בפואנטשולינג.

כמה תובנות: נראה כי היצרנים שבמפעליהם ביקרנו ערוכים היטב לייצור רהיטי עץ בעיצוב מקומי, אבל חסר להם ציוד מתאים לייצור חלקי מתכת. אנחנו מקווים שהייצור של שולחנות המגן יעודד הצטיידות במכשור עדכני לעבודת מסגרות. עושה רושם שהמפעל המקומי "לבידי בהוטן" הוא יצרן מבוסס ומצליח. בחנו מקרוב את המפעל, את המכשור והחומרים והמוצרים האיכותיים המיוצרים בו. עכשיו אנחנו בטוחים שהעץ הלבוד המיוצר בו לא רק יתאים אלא אף ישפר את האיכות של שולחנות המגן הבהוטניים.

מבחן ריסוק מקדים: נסענו לאסוף אבנים, סלעים ושברי בטון מגדות הנהר. המשאית העמוסה נפרקה והאבנים נשקלו. שקים עמידים לאבנים עוצבו ונתפרו בסדנת הריפוד של סטייפלס וג'אטו. מנוף מדגם Hydra נלקח בהשאלה מהשכן, כבלים מתאימים נרכשו, ומאזניים מכניים הובאו ממגרש מִחזור גרוטאות שבסביבה לשקילת האבנים. השק למבחן הראשון נבדק כדי לוודא שיחזיק את המשקולות ויפעל כראוי. השולחן הראשון מתוצרת בהוטן עמד סוף-סוף למבחן. מבחן הריסוק המקדים עבר בהצלחה, עם שק במשקל 400 ק"ג.

כמה הערות למחר: בחנו את השולחן לאחר הריסוק, ניתחנו את התוצאות והצבענו ליצרנים על כמה נקודות שיש לתת עליהן את הדעת. התמקדנו בנקודות ריתוך בעייתיות ובהדגשת החשיבות של עבודה מקצועית ומוקפדת. אנחנו מרוצים מהתוצאה ומוכנים להשלמת ההכנות למבחן הפומבי שייערך מחר.

כיוונון עדין של מַקבע עץ (ג'יג), שמעגן את חלקי המתכת במקומם לריתוך מדויק. המַקבעים מבטיחים עקביות של ייצור איכותי, שיניב שולחנות מוגמרים העונים על דרישות העיצוב (צילום: עידו ברונו)

מחשבות לסיכום היום הרביעי: הסיור בבתי הספר היה חשוב מאוד להבנת התמונה הכוללת. בשני בתי הספר, אגפי כיתות חדשות מצויים בשלבי בנייה מתקדמים. שני המנהלים מתלהבים מהמחשבה על הכנסת שולחנות-מגן לבניינים הישנים.

היום החמישי, 29 בינואר

הצוות מתחיל לגייס ולנייד את הכלים והחומרים הנדרשים למבחן ריסוק מקדים, לפני מבחן הריסוק הסופי שייערך בנוכחות בעלי החברות ופקידים בכירים של משרד החינוך, היחידה לניהול אסונות והשלטון המקומי. למבחן הריסוק נדרשים מנוף, שקים עמידים לנשיאת המשקולות, חבלים, וסכין עם מוט ארוך לחיתוך החבלים.

מסתמן ששקים מן הסוג הנחוץ לנו אינם בנמצא בפואנטשולינג. אני מכין סקיצה זריזה, ויוצא העירה לחפש אריג עמיד ורצועות חיזוק מתאימות. בסופו של דבר נמצאים החומרים המתאימים בג'איגון (העיירה האחות של פואנטשולינג, בצד ההודי של הגבול). הרפד של סטייפלס וג'אטו תופר לנו שני שקים, אחד למבחן המקדים ואחד למבחן הפומבי המסכם.

זה זמן רב אנחנו מעוניינים לבחון שינוי קל אך משמעותי בלוח השולחן. התנאים בבהוטן נראים מושלמים לצורך הבדיקה – נגרים מיומנים, עץ לבוד באיכות מעולה ובעובי מתאים (19 מ"מ), ובעלי מפעלים המקפידים על איכות המוצר. כל אלה מאפשרים את לידתו של שולחן-מגן מ"דגם בהוטן": שולחן ייחודי, המותאם באופן אופטימלי ליצרנים הפועלים בפואנטשולינג, עם חריצים קטנים כל 12 ס"מ וחריץ אחד לכל אורכו, שמאפשר ללוח השולחן "להתקפל" באמצעיתו תחת עומס תוך חיזוק תפקודו כשולחן-מגן. החריצים מולאו בקוביות של עץ אדמדם, שתפקידן פונקציונלי ואסתטי כאחד.

תובנה משמעותית: למרות שהמפעל ממוכן ומצויד היטב בתחום עבודת העץ – 95% מחלקי הג׳יגים יוצרו בעבודת-יד עם מסור ומִפסלת. שמחנו לגלות ששיטה ידנית זו לא רק שאינה פוגעת בדיוק, אלא שהיא אפילו מסייעת לכיוונון עדין ויעיל של הג׳יגים.

היום השלישי, 27 בינואר

המשתתפים ממשיכים לחתוך חלקי מתכת ולייצר ג׳יגים. אנחנו מבלים את שעות הבוקר באיתור שכן עם מחרטה שנדרשה כדי להקטין את אחד המקדחים לגודל הרצוי.

במהלך היום, ארתור שקוע בעבודה על המחשב הנייד שלו ומכין רשימות, תוכניות מעודכנות ושרטוטים חדשים ללוח שולחן מ״דגם בהוטן״.

חיתוך רגל הפלדה הראשונה לשולחן מ״דגם בהוטן״ (צילום: עידו ברונו)

מחשבות לסיכום היום השלישי: בשלב זה יכלו המשתתפים לבחון לראשונה את התאמת חלקי המתכת לג׳יגים ולהתנסות בעבודה עם הג׳יגים לריתוך סדרה ראשונה של חלקי פלדה. הרתכים והנגרים כאחד הבינו סוף-סוף את הערך הגדול של השימוש בכלי זה. היום חלה קפיצת מדרגה בעבודה, שהתפתחה מתהליך אקראי של הערכות איכות ותיקון פרטים, לתהליך מוסדר שהשפעתו החיובית מורגשת הן בין הרתכים והן בין הנגרים. לקראת סוף היום, בעקבות האופטימיות שהשרו היעילות וההתקדמות בתהליך העבודה, החלטנו לחתוך חלקים לעשרה שולחנות נוספים, כך שבסופו של דבר ייוצרו בסדנה 14 שולחנות.

היום הרביעי, 28 בינואר

ארתור ואני יוצאים עם מר קרמה סונאם ומר דיוואקר לביקור בחטיבת הביניים של פואנטשולינג, שם אנחנו פוגשים את המנהל, נגוואנג דורג׳י; אחר כך אנחנו מבקרים גם בתיכון של העיירה ופוגשים את המנהל, מר ינגקי דמה. הסיור מאיר עיניים. מהשיחות עם המנהלים אנחנו לומדים ממקור ראשון על אופי האדריכלות של בתי הספר, על הריהוט הקיים בהם ועל האתגרים העומדים בפניהם.

היום השני, 26 בינואר
היום הראשון של הסדנה. המשתתפים (רתכים, נגרים ומנהלי עבודה) הגיעו מחמש יצרניות רהיטים: סטייפלס וג׳אטו תעשיות עץ, קרמה תעשיות פלדה ועץ, נמגאי תעשיות עץ, H&K, וצ׳ימה תעשיות עץ.

מפגש הבוקר: היכרות והקדמה; הצגת תהליך הפיתוח של השולחן ותפקודו; הצגת החלקים והחומרים; תכנון מערך ההדרכה המעשי יחד עם המשתתפים. פרק המצגות (כולל הפסקה לתה וסמוסות) ארך כשלוש וחצי שעות.
מפגש אחר-הצהריים: הרתכים – מתחילים את חיתוך חלקי המתכת למידה; הנגרים – מתחילים להכין את הג׳יגים; מסקנות וסיכום יומי.

מחשבות לסיכום היום השני: המהנדס הבכיר של SPBD, מר דיוואקר לאמה, מתגלה כנכס חשוב לצוות כאשר הוא לוקח על עצמו בשמחה וביעילות את תפקיד המתרגם והמרצה השותף. במהלך הצגת הדברים מתברר שמשתתפי הסדנה דוברים ארבע שפות: דזונגקה (Dzongkha), נפאלית, הינדו ואנגלית. התרגום של דיוואקר לאנגלית ובחזרה מועיל לנו מאוד, והוא מלֻווה בהתלהבות החשובה לא פחות מן התרגום המילולי. אחרי כשעה של מצגות דומה שהקרח נשבר. שינוי משמעותי באווירה מורגש כאשר נראה כי הצלחנו להעביר למשתתפים את התחושה שהם מהווים חלק מצוות, ושיחד אנחנו יוצרים פתרונות מצילי-חיים לילדי בתי הספר של בהוטן.

דגמים בקנה־מידה 1:1 של הג׳יגים וחלקי השולחן הוכנו במדפסת תלת־מימד ושימשו את המשתתפים בתהליכי העבודה (צילום: עידו ברונו)

העבודה עם ג׳יגים היא תפיסת ייצור חדשה בתכלית למשתתפי הסדנה. כמה מהם לא מצליחים להבין עד הסוף את ערכם בתהליך הייצור. בשביל הרתכים, הדיוק בחיתוך ובמדידה הוא עניין קריטי. המשתתפים נעזרים בחומר ההדרכה שהכנו לחיתוך חלקי הג׳יג (המדריכים המודפסים מתארים את תהליכי העבודה שלב אחר שלב). המשתתפים מצליחים לעקוב בקלות אחר ההוראות ואף שמים את האצבע על כמה שגיאות שנפלו בשרטוטי ההדרכה.

היום הראשון, 25 בינואר
היום הראשון הוקדש לסיור מקדים באתר שבו תתקיים הסדנה, מפעל הרהיטים סטייפלס וג׳אטו בפואנטשולינג.

יעדים שהושגו בסיור המקדים: פגישה עם הבעלים ועם מנהל העבודה של סטייפלס וג׳אטו, ועם המהנדסים דיוואקר לאמה ולליט גורונג מהמחלקה לתכנון ובנייה של בתי ספר בבהוטן. החברים בצוות הפרויקט הציגו את עצמם ונתנו רקע על הפרויקט והסיפור שמאחורי שולחן-מגן לרעידות אדמה.

קיימנו הֲערכה של החללים שבהם תתקיים הסדנה, של הציוד והחומרים הזמינים באתר ושל אלה שהובאו למקום במיוחד: החללים נראים בהחלט מתאימים: הבעלים הקצו לסדנה את אזור הריתוך, את אחד מחללי הנגרות, ולצורכי הדרכה עיונית – את חדר הישיבות של המפעל.

מחשבות לסיכום היום הראשון: הבעלים והצוות של סטייפלס וג׳אטו הפגינו שיתוף פעולה והביעו רצון לקחת חלק בפרויקט. ניכרת בהם תשוקה אמיתית ללמוד שיטות חדשות ולהתוודע למוצרים חדשים. על הפרק עומדים כמה תרחישי הכשרה, המביאים בחשבון כמה בעיות וכמה פתרונות.

הערכה ראשונית של חלל המפעל, הציוד והכלים: המפעל רחב ידיים, מסודר ונקי מאוד, ואין ספק שמקפידים בו על תהליכי עבודה נאותים. כל זה חשוב מאוד להצלחת הפרויקט ומעורר תקווה לסדנה מוצלחת. המפעל מחולק לחללי עבודה מסוגים שונים ועובדים בו בעלי מקצוע מיומנים, האחראים על כל שלבי הייצור של רהיטי עץ ופלדה. התהליך מתחיל בבולי עץ המובאים מהיער ומסתיים בצביעה, ריפוד ואריזה. נדמה ששיטה זו, של מפעל אחד המבצע קשת רחבה של שלבי עבודה, פותרת את הבעיה שמציב בפנינו מבנה הכלכלה המקומית. בבהוטן אין כדאיות כלכלית לחלוקת העבודה בין כמה מפעלים, ואין אפשרות למיקור-חוץ.

כמה אתגרים: באופן כללי, שיטת הייצור היא לא תעשייתית. המפעל מייצר מוצרים שלמים מאל״ף עד ת״ו ולא מתמחה בייצור סדרתי של כמה חלקים זהים. זוהי נקודה משמעותית ביותר. המכשור של עבודת המתכת אינו עומד בסטנדרטים בסיסיים: מסור הדיסק, למשל, מיושן מאוד וקשה לכוונו לחיתוך מדויק. הציר המרכזי של מקדחת העמוד מעוות, ותופסן המקדחים שלה קטן מדי ואינו מתאים למקדחים הנדרשים לביצוע העבודה.

הערכה ראשונית של החומרים: דיסקיות רגליים ומוטות הוזמנו מראש מקולקטה (כלכותה) שבהודו. החלקים יוצרו באיכות טובה. קוטר המוט הוא 14.2 מ״מ במקום 13 המ״מ המצוינים בתוכנית. זה לא יפריע לייצור השולחן, אבל התוכניות יצטרכו לעבור התאמה. העץ הלבוד מייצור מקומי נראה מאיכות מעולה, אבל העובי התקני הוא 19 מ״מ: כל זה טוב מאוד לאיכות השולחן, אבל שוב, דורש התאמה של המידות, של השרטוטים, ושל מערך חלקי השולחן השונים והג׳יגים – הקרויים בעברית מַקבעים מכניים – המשמשים לקיבוע חלקים בזמן העבודה באופן שמאפשר ייצור מדויק. עבודת התאמה זו תיעשה במקביל, בלילות. אחרי הערכת הכלים והחומרים, אנחנו מבינים את ההתאמות הנחוצות לא רק לתרשימים ולשרטוטים אלא גם לתוכנית ההכשרה ולוחות הזמנים.

סדנה לייצור שולחן-מגן לרעידות אדמה:
רשימות מבהוטן, 25-31 בינואר, 2016

עידו ברונו

מפעל לבידי בהוטן, פואנטשולינג (צילום: עידו ברונו)

הקדמה

חיזוק מבני של בתי ספר שאינם עמידים מבחינה סייסמית, עשוי להפחית באורח ניכר מקרי מוות ופציעה כתוצאה מרעידות אדמה, אלא שארצות רבות חסרות את המיומנויות הטכניות והמשאבים הפיננסיים הנחוצים לכך. כאמצעי הגנה, תלמידים בבתי ספר מתורגלים לתפוס מחסה מתחת לשולחנות, אבל בחלקים רבים של העולם שולחנות כיתה טיפוסיים מציעים הגנה בלתי מספקת. לפתרון בעיה זו עוצב שולחן-מגן לרעידות אדמה. שולחנות מסוג זה משמשים הן להגנה בזמן הרעש והן ליצירת מנהרות חילוץ לעזרת צוותי ההצלה.

ראשיתו של הפרויקט ב-2012, במחלקה לעיצוב תעשייתי באקדמיה בצלאל בירושלים. השולחן עוצב במשותף על-ידי החתום מעלה וארתור ברוטר, כדי לספק מענה למגוון תרחישי התמוטטות במקרים של רעידת אדמה.

הפרויקט מתפתח כרגע בשלושה ערוצים שונים, שאחד מהם הוא פרויקט ללא כוונת רווח בבהוטן. מטרת ערוץ זה לפתח יכולות ייצור עצמאיות במפעלי רהיטים מקומיים, כדי שאלה יוכלו לייצר שולחנות לבתי הספר של בהוטן.

בינואר 2016 נסענו, ארתור ואני, לפואנטשולינג (Phuentsholing), עיירת גבול בדרום בהוטן, וקיימנו שם סדנה הכשרה מעשית בת שישה ימים, שבה יוצרו אבטיפוסים של השולחן בשיתוף צוותים של נגרים, רתכים ומנהלי עבודה של כמה מפעלים מקומיים. מהנדסי המחלקה לתכנון ובנייה של בתי ספר (SPBD) במשרד החינוך של בהוטן למדו כיצד לבצע בקרת איכות לתהליך הייצור של השולחן. תהליך ההכשרה הסתיים במפגן דרמטי של מבחני ריסוק, כאשר משקולת של 422 ק״ג הופלה על אבטיפוס של השולחן, ששרד כמצופה.

את דו״ח הסדנה להלן כתבתי באותם ימים כיומן.

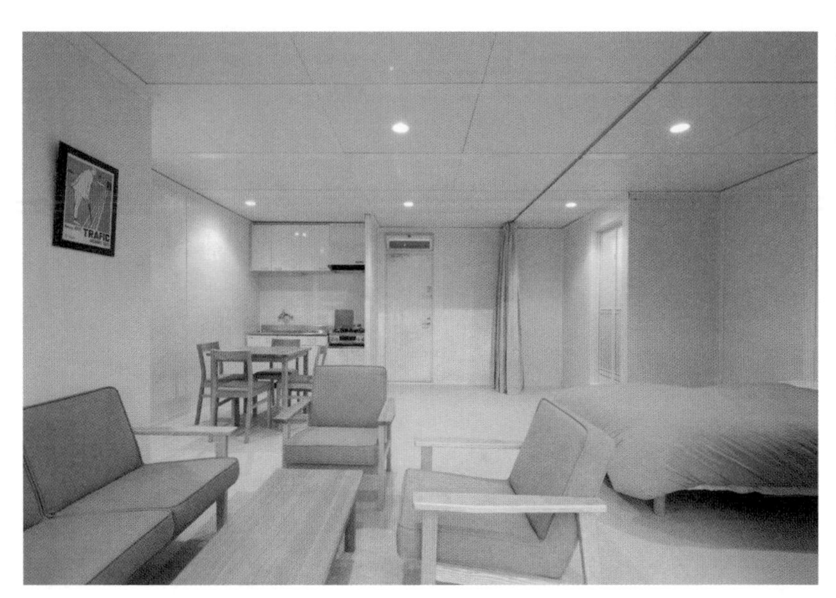

8

מבט בבתים הנפאליים המסורתיים שלא התמוטטו ברעידת האדמה, גילה מסגרות עץ מנוגרות שנקבעו בקירות הלבֵנים איור 7. אחרי סקר קצר של אדריכלות נפאלית מסורתית, יצאתי לשוק העץ בפרברי העיר, שבו היו הנגרים מקציעים קורות וקרשים ומתקינים מסגרות ומשקופי חלונות ודלתות בכלים פשוטים. שיטת בנייה חדשה הסתמנה בראשי כמו מעצמה, בהשראת מסגרות החלון המסורתיות ועִיי הלבֵנים החֲרבות שהיו מוטלות בכל עבר: מערכת קיר שתורכב ממסגרות עץ מודולריות (בגודל 210x90 ס"מ) במילוי לבֵנים ממוחזרות. שיטה פשוטה זו מאפשרת לכל מאן דהוא להרכיב לעצמו במהירות מסגרות עץ כאלה, ולהשתמש בהן כיחידות קיר מודולריות. מי שקיבל גג מגלילי קרטון מקומיים וקירה את המבנה ביריעה פלסטית, יוכל לאכלס את המחסה מיד ורק אחר כך, עם הזמן, לשבץ לבֵנים ממוחזרות מן ההריסות במסגרות העץ ולהשלים בהדרגה את הקונסטרוקציה.

בכוונתי להקים מבנה נסיוני כזה לבחינת כושר הנשיאה של מסגרות העץ. השלמוּת המבנית של הבית הארעי הזה נסמכת בראש ובראשונה על מסגרות העץ. את הקירות אמורות להשלים מילואות של לבֵנים מן ההריסות – אך הן אינן אלא מערכת מבנית משנית. להקמה של בניין דו-קומתי, אפשר לחזק את מסגרות העץ בלוח נוסף של עץ לבוד.

במחשבה על תכנון פרויקט מגורים לטווח ארוך יותר בנפאל, שוחחתי עם גורמים ביפן ועם מתכננים ברחבי העולם על המשך הפיתוח של דיור טרומי בר-השגה, שגרסה שלו כבר התחלנו לייצר בפיליפינים. ראשית הפרויקט אחרי רעידת האדמה ביפן ב-2011, שהבהירה את המחסור הקשה בפתרונות מגורים ארעיים לשעת חירום. כדי להימנע ממצב כזה במקרים של אסונות עתידיים, תכננתי בית טרומי בעלוּת נמוכה, שנוכל לייצרו בארצות מתפתחות, כמו הפיליפינים או הודו, ולהרכיבו באזורים מוכי אסון בעת הצורך. בית כזה מורכב ממסגרות קיר מודולריות מפלסטיק מזוין במילוי לוחות סנדוויץ' מחומר מוקצף איור 8.

7

הפרויקט לא רק מעניק דיור זמני באיכות גבוהה, אלא גם מספק תעסוקה במפעלים שבהם מיוצרים הבתים הללו בארצות מתפתחות. השיטה מאפשרת את שיפור תנאי המגורים של השכבות הנמוכות במדינות אלו. אבטיפוס של בית כזה כבר יוּצר והורכב במפעל בפיליפינים, והצעות להקמת מפעלים דומים התקבלו מהודו ומנפאל.

ראו עמ' 37.

3

4

בנוסף לפעילויות אלו, ארגנתי משלוח של 130 אוהלים משומשים שנתרמו על-ידי תאגיד TSP Taiyo – חברה ששיתפה אתנו פעולה בפרויקט דיור ארעי במכולות תובלה ימית שהותקנו באונגאווה, יפן. להובלת האוהלים והמתנדבים לנפאל, פנינו בבקשות תמיכה לחברות התעופה תאי איירווייז, סינגפור איירליינס וקתאי פסיפיק. מאחר שאוהלי-סככה אלה משמשים בדרך כלל לאירועים תחת כיפת השמים, ביקשנו מקבלנים יפניים, באמצעות אגודת הקבלנים הלאומית (OCAJI), לתרום יריעות שיורכבו באוהלים כקירות איור 4.

שיתוף הפעולה שלי עם OCAJI בפרויקטים של סעד במקרי אסון החל אחרי רעידת האדמה בטורקיה ב-1999 איור 5. הודות לנסיון העבר שלנו הסכימו התורמים, בנדיבות רבה, לתרום את יריעות האוהל לפרויקט הסעד בנפאל.

5

6

במהלך ביקורנו בנפאל, עשינו הכנות להתקנת מחסות גלילי הקרטון בעזרת סטודנטים מתנדבים. קיימנו פגישות עם חברות ואדריכלים מקומיים לתיאום הקמה של בתים ארעיים, ולמדנו את התנאים המקומיים בדיונים עם צוות שגרירות יפן. אחר כך סיירנו באזורי כפר מחוץ לקטמנדו כדי לבחון את השפעת האסון על הכפריים, ותוך כדי כך חקרנו את החומרים, טכניקות הבנייה והשווקים המקומיים. מחקר מקדים זה סייע לנו לזהות את הבעיות הייחודיות למקום: לרוב הבניינים שהתמוטטו היו קירות ברוחב כ-50 ס"מ איור 6, בתצורות פשוטות של שכבות לבֵני טיט מיובשות או אפויות. גם האנשים שבתיהם לא התמוטטו לגמרי חששו לחזור לבתי הלבֵנים אחרי הטראומה של רעידת האדמה, והעדיפו לשהות באוהלים. נציגי הקהילה טענו באוזני שמעולם לא רצו להתגורר בבתי אבן. ועדיין, אחת הבעיות הגדולות באזור האסון היתה פינוי ערימות הלבֵנים שהתפזרו בין החורבות.

דו"ח סיור בנפאל
31 במאי – 2 ביוני, 2015

שיגרו באן

ב-25 באפריל 2015 פקדה את נפאל רעידת אדמה בעוצמה 7.8 בסולם ריכטר. בגלל מעורבותי הנמשכת, בעשרים השנים האחרונות, בפרויקטים של סיוע במקרי אסון ברחבי העולם, קיבלתי בקשות תמיכה הן ממכרים והן מאנשים שמעולם לא פגשתי. מספר המסרים היה הפעם גדול במיוחד. פנו אלי סטודנטים נפאלים הלומדים בטוקיו, צלמים, מטפסי הרים, תיירים, ארגונים לא-ממשלתיים (ואלו רק מעט מן הפניות). כל אלה עוררו בי עניין בנפאל, ארץ שלא ממש הכרתי, והתחלתי להיערך לסיוע.

לצורך איסוף מידע, ארגנתי פגישה עם בוגרי הפקולטה להנדסה באוניברסיטת טריבהובן (Tribhuvan) הנפאלית, שהתגוררו בטוקיו. כדרכי תמיד יצרתי קשר עם האוניברסיטה המקומית, כדי שתשמש מען לחומרים וציוד שיישלחו מיפן וכדי לארגן שם סדנה בהשתתפות סטודנטים שיגיעו לנפאל. ראש המחלקה ללימודי ההנדסה, פרופ׳ טרי רטנה בז׳רצ׳אריה (Bajracharya), הסכים ברוב טובו לבקשתי.

עד היום פיתחתי כמה סוגים של מחסות חירום, המורכבים משלד של גלילי קרטון. לפרויקט של UNHCR ברואנדה (2004) תכננתי מבנה מגלילי קרטון המחוברים זה לזה במִפרקי פלסטיק. אחרי רעידת האדמה בהאיטי (2010), פיתחתי מבנים דומים המחוברים במִפרקי עץ לבוד איור 1. גלילי קרטון הם אמנם מוצר מדף זול שקל להשיגו בכל מדינה – אבל מִפרקי פלסטיק או עץ לבוד דורשים זמן ייצור ממושך. לכן, במקרה של נפאל, בחרתי לראשונה להשתמש בסרט דביק לאבטחת מִפרקי החיבור של גלילי הקרטון. האבטיפוס הראשון הורכב ביפן ויוצר מחדש בנפאל תוך שימוש בגלילי קרטון מתוצרת מקומית ובמִפרקי סרט דביק איור 2.

אחרי סדנת המבוא, כינסנו כ-500 אנשים להרצאה על פרויקטים של סעד במקרי אסון, שבסופה נדונו בפרוטרוט שאלות מעשיות שהעלו הנוכחים איור 3.

1

2

שיתוף ידע

SOCIAL TECHNOLOGY

HOW SOCIAL TECHNOLOGIES ARE CHANGING HUMAN BEHAVIOR DURING THE AFTERMATH OF DISASTERS

Kate Starbird

(transcribed and edited by Todd Bishop)

How do people use social technologies to communicate and work together after disasters? And how can these technologies be improved to facilitate communication? Kate Starbird addressed these issues at the 2015 GeekWire Summit, where she discussed the emerging field of crisis informatics – the study of how information and communications technologies are used during crisis events.

In the week after Hurricane Sandy, users sent more than 20 million Sandy-related tweets
First "social" disaster?
Photo Credit: Gil Cohen Magen/Reuters
As Sandy came ashore, Instagram was processing more than 10 photos per second

This photograph was sent at the end of October 2012 on the east coast, right after Hurricane Sandy came in. The woman is looking at her phone and maybe sending a text, a tweet, or an Instagram photo about that tree-car interaction behind her. In the wake of this event, there was a huge social media response, with millions of tweets and tens of photos per second on Instagram. Other platforms that were popular at that time also saw a lot of use. One guy contacted me and said, "I want to talk to you about how Hurricane Sandy was the first social disaster. Can you help me with this?" I answered, "Absolutely, I can help you. You cannot lead with the fact that Hurricane Sandy was the first social disaster."

Everything about disasters is and always has been social. We wouldn't think about them as disasters if they did not disrupt and affect people's lives and interrupt our normal social dynamics. Disasters are inherently social, and ever since we've had social media and the platforms that came before social media, people have been using them during disasters in creative and fantastic ways to share information and help themselves and others.

I've been looking at this intersection of social computing and crisis events – all of the tools and platforms that help us share information with our friends and with the remote crowd. I'm also focused on the human behavior they enable. I look at them in a lot of different crisis events: natural disasters, earthquakes, hurricanes, extreme weather events like an inch of snow in Seattle, as well as human-made events. At this intersection, there are lots of things we can do that we couldn't do before. People can share information about what's happening to them on the ground in real time with their friends, families, neighbors, the remote crowd, emergency responders, and journalists. We're all armed with mobile phones, and we can use these platforms to share information.

These tools can help people make better decisions, enhance our situational awareness, and help us understand what's going on. They can also be used by emergency responders to share information with their many publics in real time, like an evacuation notice that went out during the Boulder Floods.

The third thing I look at is online volunteerism, how these platforms and tools facilitate people coming together to help themselves and other people in new ways. I want to start out with this photograph.

Sociologists of disaster: After a disaster event, people will converge on the scene to, among other things, offer help
Photo Credit: AP

This is where an American plane landed on the Hudson in 2009, and these are the first responders. These were ferry boats in the area that came as fast as they could and started helping people get off that plane.

Sociologists of disaster have known for a long time that after a disaster event, people will converge onto the scene and try to help. Our first responders are often not the professionals we think about. It's often everyday people coming onto the scene to help out. More and more, we've been seeing that convergence happen in social and online spaces during disaster events.

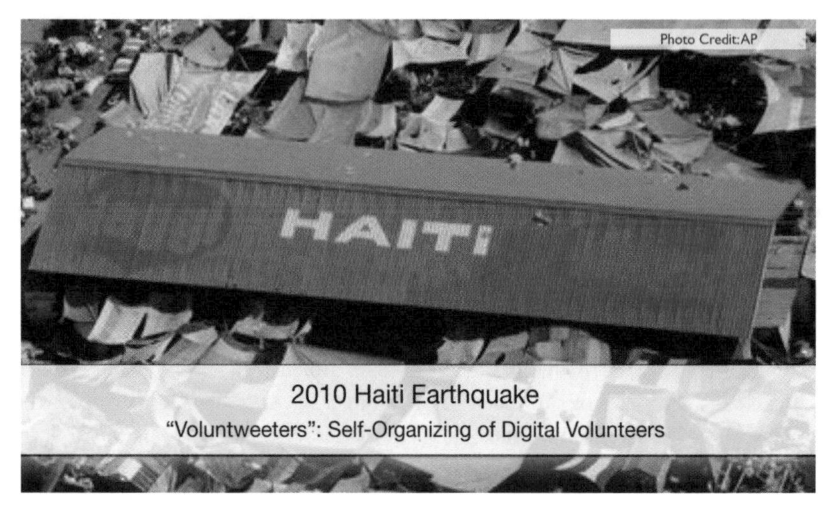

2010 Haiti Earthquake

"Voluntweeters": Self-Organizing of Digital Volunteers

I've been looking at digital volunteerism for several years. I'm going to focus here on three events, and on how people come together to help each other. I want to start out with the 2010 Haiti earthquake. Hundreds of thousands of people lost their lives or were displaced. There were tens of thousands injured, and people had a very acute need for food, water, and shelter. The infrastructure of Haiti was decimated. For many weeks, people were in great need and I, like many other people, went online to try to help: the folks that I was working with at University of Colorado and I ended up finding other folks trying to use social media tools to help. I want to focus on their stories.

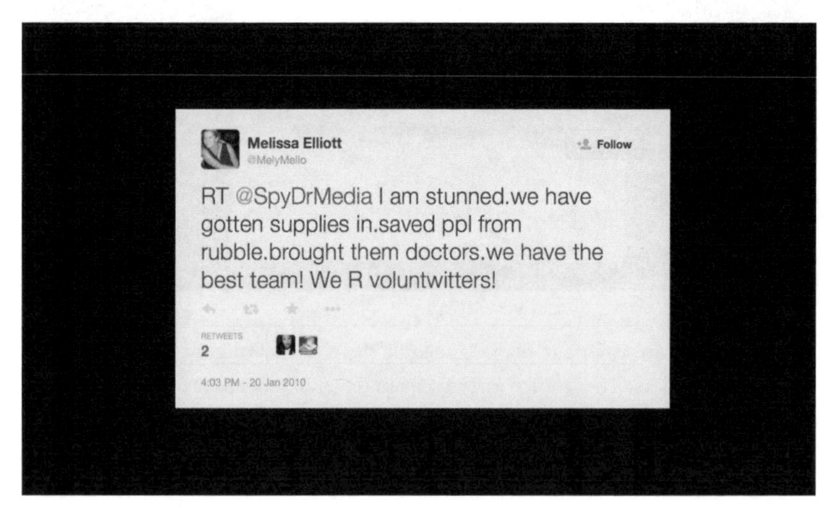

Melissa Elliott
@MelyMello
Follow
RT @SpyDrMedia I am stunned.we have gotten supplies in.saved ppl from rubble.brought them doctors.we have the best team! We R voluntwitters!
RETWEETS
2
4:03 PM - 20 Jan 2010

I will begin by telling you about Melissa Elliott. Her tweet, which was sent about seven or eight days after the Haiti earthquake, read: "I am stunned. We have gotten supplies in, saved people from rubble, brought them doctors. We have the best team. We are voluntwitters." Who were these people? Who is Melissa Elliott, where was she, and how was she moving doctors around in Haiti? Melissa Elliott, @MelyMello, is a French-Canadian, I think, and she was affected by this event. The language in Haiti is Haitian-Creole, but the second language is French, and so there were a lot of people going to help from that area.

Melissa Elliott started finding people from Haiti who were not in the country, as well as ones who were there, and tried to gather up their cell phone numbers. By adding cell phone minutes remotely to their phones, she could enable them to use their phones. She had too many numbers, and couldn't fill them all. So she started recruiting help and trying to get donations online, and began meeting people.

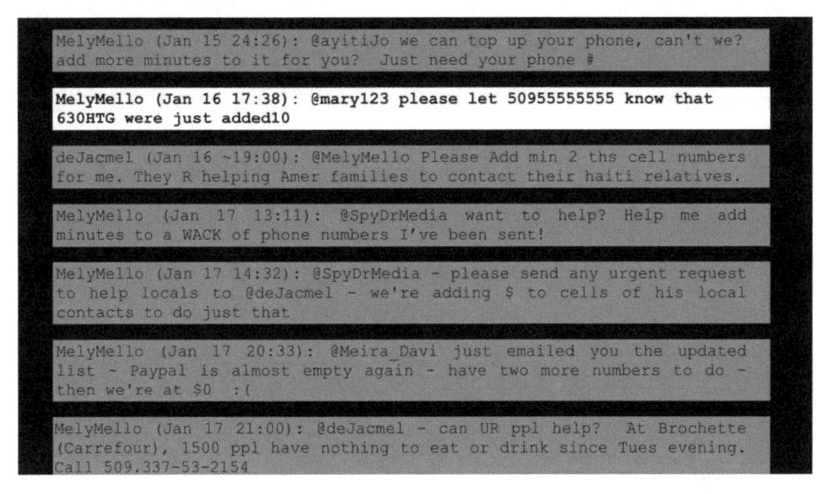

MelyMello (Jan 15 24:26): @ayitiJo we can top up your phone, can't we? add more minutes to it for you? Just need your phone #
MelyMello (Jan 16 17:38): @mary123 please let 50955555555 know that 630HTG were just added10
deJacmel (Jan 16 ~19:00): @MelyMello Please Add min 2 ths cell numbers for me. They R helping Amer families to contact their haiti relatives.
MelyMello (Jan 17 13:11): @SpyDrMedia want to help? Help me add minutes to a WACK of phone numbers I've been sent!
MelyMello (Jan 17 14:32): @SpyDrMedia - please send any urgent request to help locals to @deJacmel - we're adding $ to cells of his local contacts to do just that
MelyMello (Jan 17 20:33): @Meira_Davi just emailed you the updated list - Paypal is almost empty again - have two more numbers to do - then we're at $0 :(
MelyMello (Jan 17 21:00): @deJacmel - can UR ppl help? At Brochette (Carrefour), 1500 ppl have nothing to eat or drink since Tues evening. Call 509.337-53-2154

One of them was Jacmal, a 17-year-old kid living in Florida at the time. But he had family in Haiti, and he connected with @MelyMello. He sent her lists of phone numbers, and over time, she developed this connection to him and his family members in Haiti. Later, as she saw that people needed food over here, people had a doctor over there, she started to connect this information through the people whose cell-phone numbers she had. She became a sort of remote operator, and for a few days, before the formal response got set up, she was moving aid around Haiti, and she wasn't doing this alone.

There were other people. Maybe not on a large scale, but they were actually having a real impact. We did some interviews with them, and one of them said, "When I went on Twitter and started tweeting, I discovered a whole bunch of people tweeting for Haiti, and started building up connections in order to try and save some lives." These folks actually came together in really fascinating ways. I have a network diagram here. Users are the spheres, and I connect them with a line if they were re-tweeting or mentioning each other during that event. We have a bunch of Twitter data.

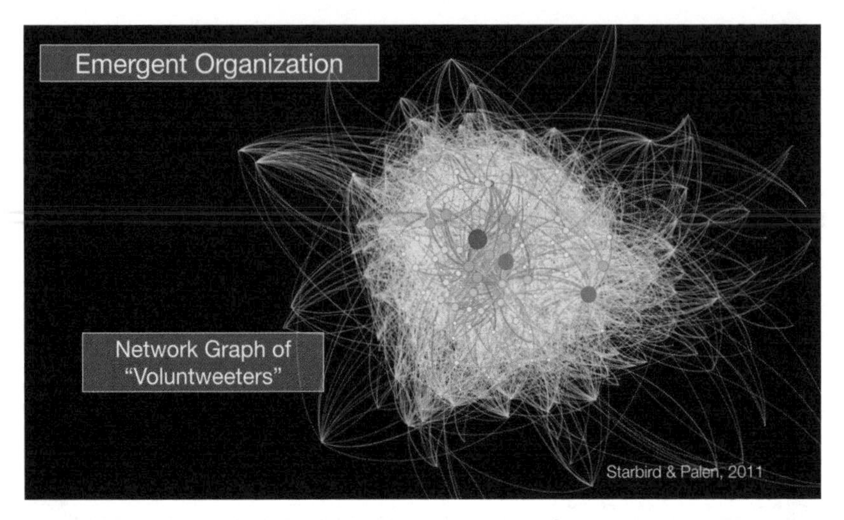

Among some of these aid-based hashtags, there was a dense network of people sharing throughout the course of this event. We went back and interviewed about 20 folks in this network graph. Before January 12, 2010, three of the 20 people knew one other person in the network. After the event, they started coordinating their work, saying, "I'm in Australia, I'm going to bed, can someone in the US take over this request and call this person and see if they still need help," and this is really fascinating behavior.

Emergent organizations happen all the time during disaster events, but here we're seeing emergent virtual organizations come together in networks. In repeat events over and over again, I'm seeing other networks form. Some of the same people come back, but there are already new centers of gravity and new people coming in. The crowd is appropriating social media and online tools to converge digitally, to connect and collaborate, and to solve problems during crisis events.

A second event I want to talk about is Hurricane Irene in 2011. This was a really interesting case, where the role of a few journalists evolved. That storm actually got caught up in upstate New York or Vermont, and another storm came in at the same time. There ended up being catastrophic flooding. Whole towns and a lot of the road infrastructure and bridges were washed away. People were trapped and were in need of food and all sorts of different things for quite some time. Family members couldn't connect. In the rural Catskill Mountains, there are no mobile phone connections. Everything is land-line. Power went down, and so it was a very tough event.

If you were from the Catskill area, no matter who you were, you were probably getting your information through this crowd-source effort that was going on. I was doing this research with Dharma Dailey, a PhD student of mine who collected this data, and was herself from the Catskill Mountains.

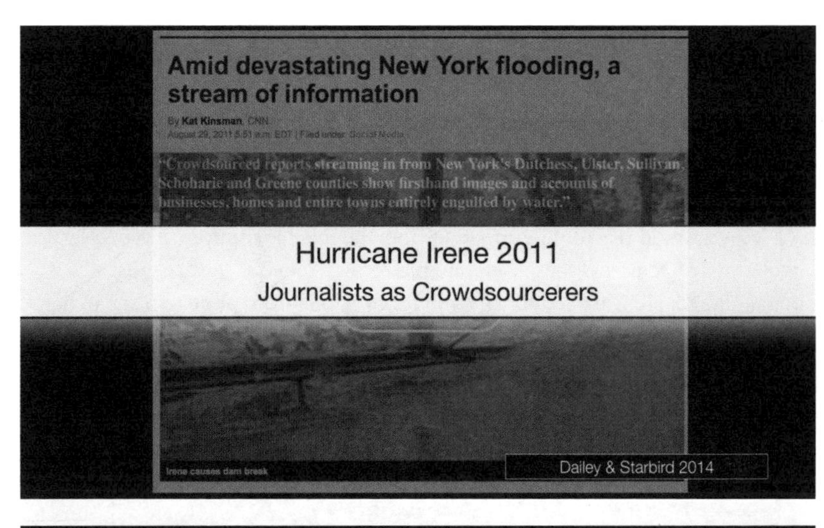

Amid devastating New York flooding, a stream of information
By Kat Kinsman, CNN
"Crowdsourced reports streaming in from New York's Dutchess, Ulster, Sullivan, Schoharie and Greene counties show firsthand images and accounts of businesses, homes and entire towns entirely engulfed by water."
Hurricane Irene 2011
Journalists as Crowdsourcerers
Irene causes dam break
Dailey & Starbird 2014

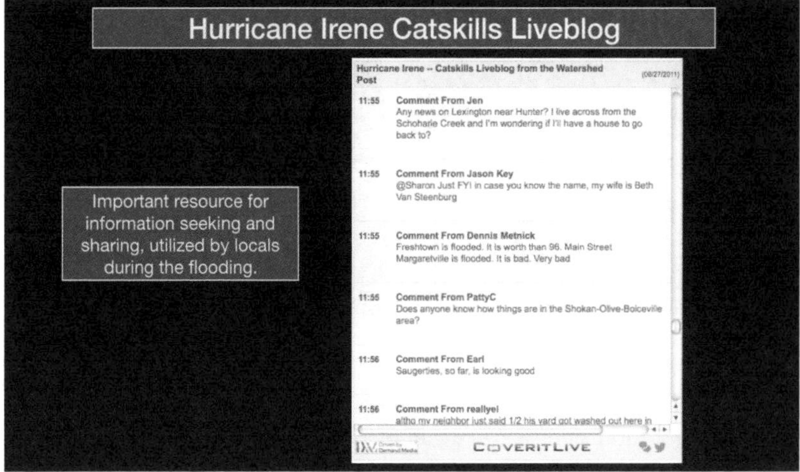

There was this live blog that was started – an up-to-date information center where you could get real-time information. This site ended up having reports about people being trapped and about trying to figure out the whereabouts of missing family members. People would ask questions, and thousands of messages were sent on this platform. It became an incredibly invaluable resource to the people who were there.

The platform was actually started by two journalists at a tiny, local online newspaper called the *Watershed Post*, who recruited some other journalists from other outlets and put together this live blog. They allowed locals to post, and then they recruited people from the remote crowd to help mediate and moderate, because they didn't have the capacity to do it themselves. They set up this really interesting crowd-sourced collaboration, with information coming from one group and another group helping to process it. We talk about them as being crowd-sourcerers.

Another really important thing we found is how interconnected the information space was. A lot of people put information out there. They found it on Facebook and took it to the live blog. Or they talked to someone on the phone and they entered that information to the live blog. We had a situation where the radio broadcaster would read out information from the live blog. Information was circulating in and across these different platforms. Actually, it wasn't just circulating. People were actively moving information from place to place to help bridge gaps in the infrastructure and access.

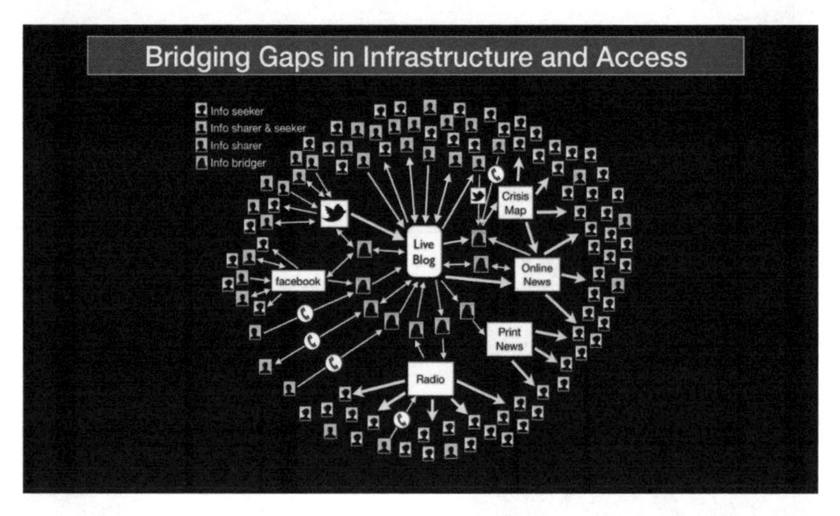

When you think about "Should I use Twitter, should I use Facebook, what should I do?" you should also know that these information spaces are incredibly integrated, and information is moving in and across them.

These are our two big findings. We know that the profession of journalism is changing. We know that people during crisis events will take on new roles and use their skill sets in new ways. In this case, we saw journalists evolving their role from "I'm a reporter" to "I'm a crowd-sourcerer."

The last event I want to talk about is Hurricane Sandy, which hit a densely populated urban area that is highly connected to online spaces, and where people are reliant on social media and mobile phone connections. We saw some really interesting behavior during that event. I want to focus on one little piece, which was people who were trying to find gas in New Jersey. These people developed a hashtag on Twitter, #NJGas, and started promoting it.

What people would do is say, "I just got gas here, the line was this long, the price is this," and post that information with #NJGas. If somebody wanted to find gas, all they have to do was go on Twitter, search for that hashtag, and see this organized information space. If you had low bandwidth or a low battery, if you needed power or gas, that might've been tough. Then someone else, who was outside the area, and who may have observed how hard this was, began curating that information, so people didn't have to follow the #NJGas the whole time. They just have to write him a message and he would figure out where they could find gas. So the locals were sharing and seeking real-time information about on-the-ground conditions and then the remote crowd was helping them get the information they needed.

I got this simulated photograph from a University of Washington study done in 2009. I think this is the Alaskan Way Viaduct in Seattle falling down. I'm going to conclude with what might happen in the event of an earthquake in a dense urban center.

From what I know, people are going to try to survive and work with the tools they have on hand. People are very pro-social after disaster events. They're going to help themselves, and they're going to help others. These tools are going to be social media technologies, or other technologies we don't have yet, and which people are working on in ways we don't even know yet. They're going to come together in networks. One of the first things I'm going to do if something happens is to try to connect to the remote crowd in any way that I can, because I know they're going to be able to help me more than I'm going to be able to help myself.

One last thing I want to think about is how we can establish hyper-local social networks, which enable you to connect without the noise of the crowd and actually see what's going on. I'm also wondering about what kind of wireless technology we will use in the future so that we can connect with each other while the communication infrastructure is down, and about how we can collaborate. We can't just develop it and say, We'll use it in a disaster. You have to have technologies that people are already using for other reasons, and which they can easily take off the shelf and start using in new ways during disaster events.

The broad question is, how can we build technologies, including the tools, the platforms, and the policies, to support resilience during disaster?

Kate Starbird holds a PhD in Technology, Media and Society (2012). She is an Assistant Professor in the Department of Human Centered Design & Engineering at the University of Washington. Her research takes place at the intersection of computer science and social science, focusing on the use of social media during crisis events.

GeekWire is a fast-growing, national technology news site with strong roots in the Seattle region and a large audience of loyal, tech-savvy readers around the globe, who follow the site for breaking news, expert analysis and unique insights into the technology industry. In addition to news coverage, GeekWire provides widely used resources for the Pacific Northwest technology community, including the GeekWork job board, GeekWire 200 startup ranking, the Startup List database, Service Provider Directory and more. GeekWire's weekly radio show airs on KIRO Radio (97.3 FM) in the Seattle region, and reaches a worldwide audience via podcast. The site was started in 2011 by the journalists John Cook and Todd Bishop and startup veteran Jonathan Sposato. See: www.geekwire.com/2015/how-social-technologies-and-human-behavior-are-changing-the-aftermath-of-disasters.

Airbnb Global Disaster Response & Relief Program, Since 2012

When disaster strikes, displaced people need more than just a roof over their heads. Airbnb's Disaster Response Program goes beyond offering a place to shelter in for the night: it offers a place for someone in need to call home. By leveraging Airbnb's community and technology, it is able to instantly provide critical support for aid agencies and displaced people.

When Hurricane Sandy hit New York in 2012, Airbnb hosts immediately began helping in the way they knew best: by providing a home for their neighbors in need. The team has developed a tool within Airbnb's product that automatically contacts hosts in areas impacted by a disaster, to make it easier for community members to provide emergency accommodations in times of crisis. Hosts who respond choose to list their spaces free of charge and Airbnb waives all booking fees. Guests and hosts in the area also have access to Airbnb's 24/7 customer support. The team works in close concert with local government to assess need, and then prompts the local host community to open its doors within the first 24 to 72 hours following an event.

Airbnb Disaster Response Team is comprised of cross-functional employees from the product, engineering, and customer experience departments. This effort is led by Kellie Bentz, Global Head of Disaster Response and Relief. In this role, Bentz works across the enterprise to respond to crises and disasters that impact the Airbnb community, which includes over three million hosts in 191 countries and 65,000 cities globally.

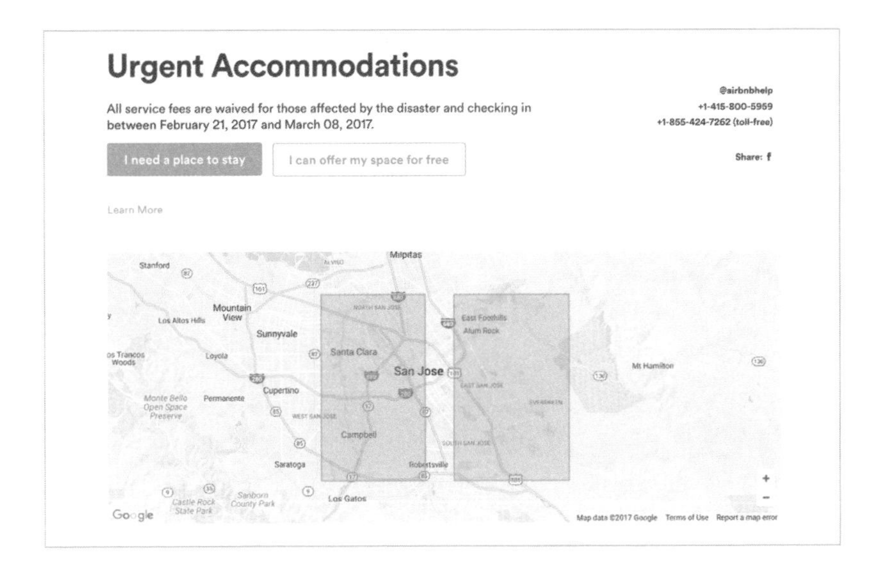
Urgent Accommodations
All service fees are waived for those affected by the disaster and checking in between February 21, 2017 and March 08, 2017.
@airbnbhelp
+1-415-800-5959
+1-855-424-7262 (toll-free)
I need a place to stay
I can offer my space for free
Share: f
Learn More
Milpitas
Stanford
Mountain View
Los Altos Hills
Sunnyvale
Santa Clara
San Jose
East Foothills
Alum Rock
Mt Hamilton
Loyola
Cupertino
Permanente
Monte Bello Open Space Preserve
Campbell
Saratoga
Robertsville
Los Gatos
Castle Rock State Park
Sanborn County Park
Google
Map data ©2017 Google Terms of Use Report a map error

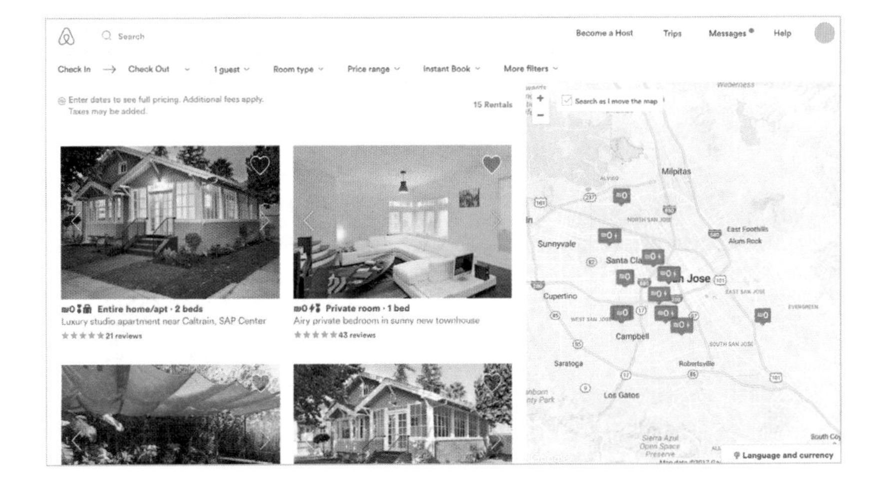
Search
Become a Host
Trips
Messages
Help
Check In
Check Out
1 guest
Room type
Price range
Instant Book
More filters
Enter dates to see full pricing. Additional fees apply. Taxes may be added.
15 Rentals
Search as I move the map
Entire home/apt · 2 beds
Luxury studio apartment near Caltrain, SAP Center
21 reviews
Private room · 1 bed
Airy private bedroom in sunny new townhouse
43 reviews
Milpitas
Sunnyvale
East Foothills
Alum Rock
Cupertino
Campbell
Saratoga
Robertsville
Los Gatos
Language and currency

Disaster Response Program

Open your doors to those in need or find emergency accommodations

How it works | Learn more about the service

@airbnbhelp
+1-415-800-5959
+1-855-424-7262 (toll-free)

Share: f

Active Disasters

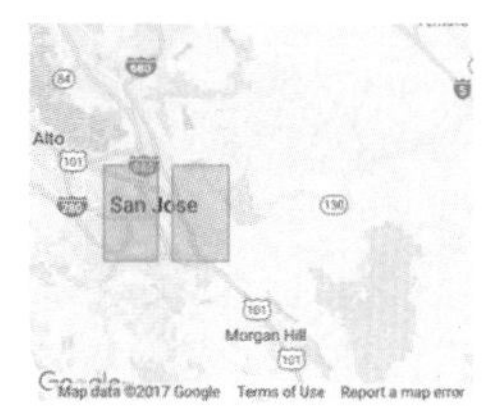

San Jose Flood

Affected Area: San Jose, California - United States

San Jose Flood

The Carriage House,5mins to ...
Entire home/apt · 75 reviews · San Jose

The Garden Studio~Willow Glen
Entire home/apt · 68 reviews · San Jose

Airy private bedroom in sunny...
Private room · 43 reviews · Campbell

Bright, clean room in new tow...
Private room · 24 reviews · Campbell

Spacious minimalist bedroom
Private room · 15 reviews · Campbell

Beautiful room, close to everyt...
Private room · 7 reviews · Santa Clara

Airbnb תגובה לאסון, 2012 ואילך

תוכנית התגובה לאסון של Airbnb מציעה לעקורים ולנפגעים יותר ממקום לשהות בו: היא מציעה מגע עם הבית. תוך מינוף יתרונות הקהילה והטכנולוגיה של Airbnb, התוכנית פועלת במהירות ומספקת תמיכה וסיוע משמעותיים, הן לעקורים והן לסוכנויות הסעד הפועלות בשטח.

כשהוריקן סנדי פגעה בניו-יורק ב-2012, מארחי Airbnb החלו מיד לעזור בדרך המוכרת להם: לארח ולספק בית לשכניהם הנזקקים. הצוות פיתח כלי מובנה במסגרת מוצרי Airbnb, שמתקשר באופן אוטומטי למארחים באזורים שנפגעו באסון, ומקל על חברי הקהילה בהצעת מגורי חירום בעִתות משבר. מארחים הנעתרים לבקשה מעלים את החדרים לאתר Airbnb בלא תשלום, והחברה מוותרת על רווחיה. האורחים והמארחים כאחד מקבלים גם גישה חינם, 24 שעות ביממה, לשירות הלקוחות של Airbnb. הצוות עובד בשיתוף פעולה הדוק עם הרשויות, להערכת הצרכים ולהמרצת מתנדבים בקהילות המקומיות לפתוח את דלתותיהם, במהלך 24 עד 72 השעות הראשונות מרגע התרחשות האסון.

צוות Airbnb תגובה לאסון מורכב מעובדים במחלקות המוצר, ההנדסה והלקוחות של החברה בהובלת קלי בנץ, המנהלת הבינלאומית של התוכנית. בתפקידה זה, בנץ מנטרת משברים ואסונות שיש להם השלכה על קהילת המארחים והאורחים של Airbnb, הכוללת יותר משלושה מיליון מארחים ב-191 ארצות ו-65 אלף ערים ברחבי העולם.

Urban Risk Lab + HADR Lincoln Laboratory at the MIT School of Architecture and Planning: PREPHub · Neighborhood Infrastructure for Disaster Preparedness, 2016

3-D printed ABS plastic model, scale 1:16, h. 23 cm, d. 28 cm

In an era of rapidly increasing urbanization, it is becoming critical to develop new models of disaster-resilient infrastructures that are socially embedded, modular, and provide additional resources in case of emergencies. The MIT Urban Risk Lab is working to develop lightweight, off-grid systems that supplement disrupted infrastructure lifelines in the case of natural disasters. These "Emergency Preparedness Hubs," or PREPHubs, are both infrastructures and cultural objects. On an everyday basis, PREPHubs serve as interactive architectural structures that enliven parks and other public spaces; following a natural disaster, they are transformed into meeting and recovery sites for the distribution of goods and services needed during emergency scenarios.

PREPHubs are composed of critical lifeline modules to form a flexible kit, whose parts can be combined in different ways. Each component performs a dual function: engaging the community through sculptural furniture or interaction, and performing an emergency service following a natural disaster. For example, benches provide a cache of medical supplies, a neighborhood map illuminates evacuation routes, and a pedal-powered phone charger serves as a micro off-grid generator. PREPHubs are further designed to operate as a system, distributed in public spaces across a city. This network accommodates an off-grid communication mesh, and further serves as a series of physical beacons illuminating evacuation routes. In daily use, vertical beacon elements serve as landmarks, helping residents and visitors alike as they cognitively map and navigate the city.

As a flexible system, these components allow PREPHubs to be adapted for the site-specific needs of different communities and contexts. Each hub is designed in collaboration with local partner(s) and in consultation with the surrounding community. Modules can be added, subtracted, or re-configured in relation to one another according to the available space, existing resources, and the community's desires. This allows each hub to be site-specific, while maintaining essential functions and networked operations. For example, a minimal sidewalk version of the bench might provide seating for a bus stop and basic communications functions, while a more expansive version located in a civic plaza would provide a full set of public space and disaster amenities. Furthermore, by engaging local residents in the process, communities gain stake in the project and are more likely to continue to serve as long-term stewards for the PREPHub.

We designed the model included in the exhibition as a tool for community engagement, allowing for the various resource modules to be reconfigured into different shapes by future users.

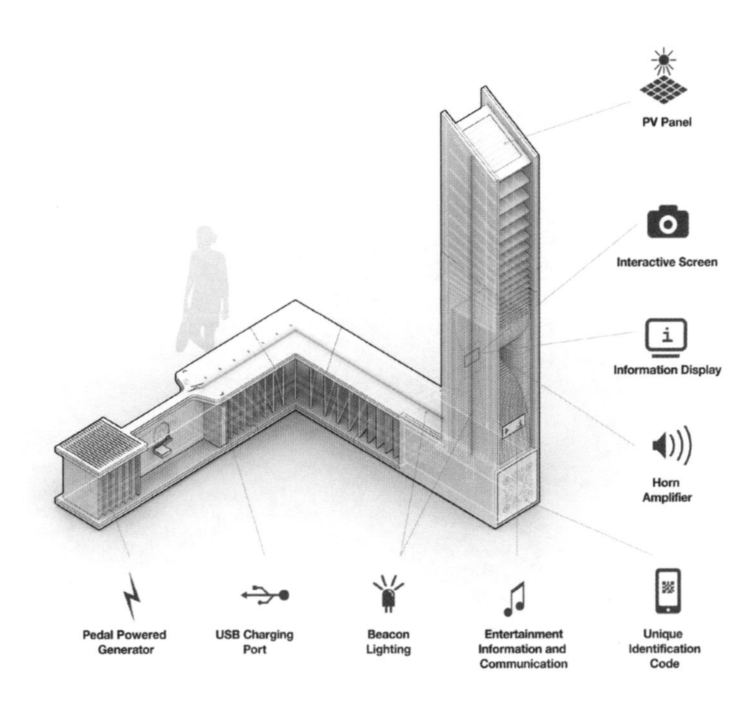

The Urban Risk Lab at MIT develops methods and technologies to embed risk reduction and preparedness into the design of cities, in order to increase the resilience of local communities. Operating at the intersection of ecology and infrastructure, the rural and the urban, research and action, the Urban Risk Lab is an interdisciplinary organization of researchers and designers. It addresses the complexities of seismic, climatic, and hydrologic risks in order to proactively embed preparedness and risk reduction in the rapidly urbanizing world. Team: David Moses, Saeko Nomura Baird, Aditya Barve, Alexa Jan, Jongwan Kwon, Justin Lavallee, Miho Mazereeuw, Ananya Nandy, Seungho Park, Abraham Quintero, Elizabeth Yarina.

The Humanitarian Assistance and Disaster Relief-Systems Group at the MIT Lincoln Laboratory develops new sensors, signal processing techniques, network and communication systems, situational awareness systems, and collaborative decision-support architectures. Team: Christopher Budny, Peter Klein, Brice Maclaren, Adam Norige, Ed Orchanian, Tom Smith, Andrew Weinert.

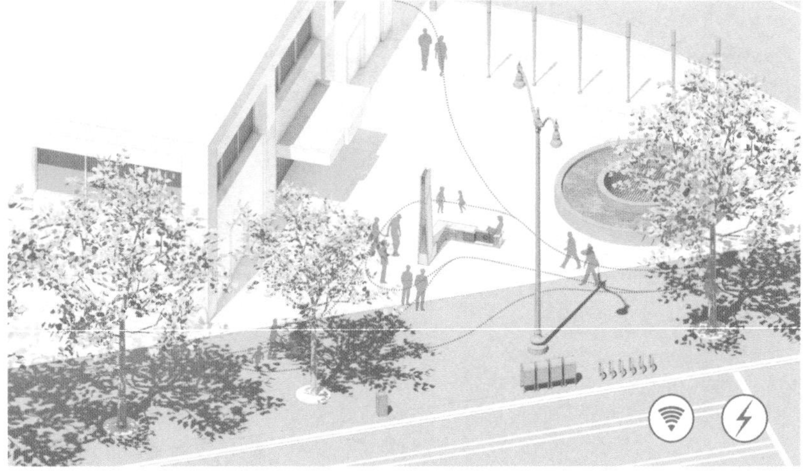

מעבדת סכנות עירוניות ב-MIT מפתחת שיטות וטכנולוגיות להטמעת מוכנות למקרי אסון ולצמצום סכנות בתכנון ערים, במטרה לחזק את החוסן של קהילות מקומיות. המעבדה פועלת על קו התפר של האקולוגיה, הבינוי והתשתית, הכפר והעיר, המחקר והפעולה. כארגון בין־תחומי של חוקרים ומעצבים, היא חוקרת סבך של סכנות סייסמיות, אקלימיות והידרולוגיות כדי להכין אמצעי מניעה ולצמצם סכנות בעולם של ערי־ענק. צוות: דיוויד מוזס, אדיטיה בארווה, סייקו נומורה ביירד, אלכסה ג'אן, אליזבת יארינה, ג'סטין לאוואל, מיהו מאזראוב, אנאניה נגדי, סיאונגו פארק, ג'ונגוואן קוון, אברהם קינטרו.

קבוצת HADR (סיוע הומניטרי ומערכות סעד למקרי אסון) במעבדת לינקולן ב-MIT מפתחת חיישנים, רשתות תקשורת, מערכות לקידום מודעות קהילתית ומבני תמיכה בקבלת החלטות שיתופית. צוות: אד אורצ'ניאן, כריסטופר בונדי, אנדרו וויינרט, ברייס מקלארן, אדם נוריגה, תום סמית, פיטר קליין.

מעבדת סכנות עירוניות + קבוצת HADR במעבדת לינקולן של בית הספר לאדריכלות ותכנון, MIT: PREPHub · תשתית שכונתית למקרה אסון, 2016

דגם ABS פלסטי בהדפסת תלת־מימד, קנ"מ 1:16, גובה 23 ס"מ, קוטר 28 ס"מ

בעידן של אורבניזציה מואצת, יש צורך בוער בפיתוח מודלים חדשים של תשתיות מודולריות חסינות, שיספקו משאבים חלופיים בשעת חירום ויגבו את עורקי החיים של מערכות התשתית הקיימות, העלולות להינזק במקרה של אסון טבע. "מוקדי חירום" כאלה, הקרויים PREPHubs, מתפקדים הן כתשתיות חלופיות והן בשגרת היומיום. בימים של שלום, ה-PREPHubs הם אובייקטים אדריכליים אינטראקטיביים, הפזורים בפארקים ובמרחבים ציבוריים אחרים; בתרחישי חירום דוגמת אסון טבע, הם הופכים לאתרי מפגש ושיקום, לשם חלוקת מצרכים ושירותים נחוצים אחרים.

כל PREPHub מורכב מפריטי ציוד חיוני, כערכה מודולרית גמישה בתצורות שונות. כל ערכה כזאת ממלאת פונקציה כפולה: היא משמשת רהיט פיסולי אינטראקטיבי בקהילה, ומספקת שירותי חירום במקרה של אסון טבע. ספסלי רחוב עשויים לתפקד גם כמחסנים של ציוד רפואי, מפה מוארת של השכונה עשויה להפוך לשלט המציג-מאותת מסלולי פינוי, ומטעני טלפון המוזנים באנרגיית דיווש יתפקדו בעת הצורך כמיקרו-גנרטורים.

ה-PREPHubs מעוצבים כמערכת שחלקיה פזורים במרחבים ציבוריים בכל העיר. המערכת מספקת תמיכה לרשת תקשורת חלופית, ומשתרשרת כסדרה של מגדלורים פיזיים המסמנים מסלולי פינוי ומילוט. בשימוש יומיומי, מגדלורים אלה מתפקדים כאבני-דרך או נקודות-ציון גיאוגרפיות, הממפות את העיר ומסייעות לתושבים ולמבקרים להתמצא בה.

מאחר שמדובר במערכת מודולרית גמישה, היא מותאמת בלא קושי לצרכים מקומיים של קהילות שונות. כל PREPHub מעוצב ומורכב יחד עם שותפים מקומיים ובהתייעצות עם הקהילה, תוך הוספה או החסרה של מודולים, ארגון נקודתי של היחסים ביניהם, והתאמה לאתר, למשאבים הקיימים ולרצון הקהילה. אלא שבנוסף להיותן מותאמות-מקום, הֶעֲרָכוֹת שומרות תמיד על פונקציות היסוד שלהן ועל תפקודן הרשתי. כך למשל, גרסת מדרכה קטנה של הספסל עשויה לתפקד כמושב לממתינים בתחנת אוטובוס בשילוב פונקציות תקשורת בסיסיות – ואילו גרסה גדולה של הספסל, המותקנת בכיכר עירונית, עשויה לתפקד כערכה שלמה של שירותי אסון. יתרה מזו, בזכות עירובן של הקהילות בתהליך, התושבים דואגים לפרויקט ויש להניח שימשיכו לטפחו גם בעתיד.

הדגם המוצג בתערוכה עוצב ככלי של מעורבות קהילתית, המאפשר שיתוף של משתתפים עתידיים בקביעת התצורה של המודולים והמשאבים השונים.

PetaBencana.id Group, Indonesia @ Urban Risk Lab, MIT: *The Same River, Twice* · Torrential Urbanism, 2017

Two-channel video installation, 75 minutes

The immersive video installation *The Same River, Twice* narrates the story of PetaBencana.id, an online platform and disaster-mapping project for reporting flood events in Jakarta, Indonesia. Focusing on user narratives, the perspectives of risk-affected residents, and river ecologies within the city, the installation utilizes video documentation that portrays Jakarta as a megacity struggling to adapt to climate change during the tropical monsoon season.

Like many other megacities in South and Southeast Asia, Jakarta is situated in a coastal delta plain. Traversing the city from north to south, the Ciliwung River defines the central – and littoral – spine of the city. Over the past three decades, the hyper-urbanization of Jakarta has changed the nature of both the river and its relationship to the city. Once a free-flowing urban riparian ecology, the Ciliwung is now largely hidden behind concrete barriers in an attempt to control the river's identity and movement. Yet in defiance of constraints, the river exerts its desire to reach the sea with increasing volatility.

In developing an effective method for the civic co-management of flooding, PetaBencana.id has given a voice not only to the city's residents, but also to one of the city's most consequential and original characters, the river.

PetaBencana.id is a community-led, open-source map; the project is supported by the Humanitarian Infrastructures Group of the Urban Risk Lab at MIT School of Architecture and Planning, with the aim of further developing CogniCity Open Source Software as a free platform for emergency response and disaster management. As megacities in South and Southeast Asia become increasingly complex systems of people and interconnected infrastructures, extreme weather events and long-term environmental changes pose acute challenges for disaster response and humanitarian action.

Although rapidly urbanizing environments are often thought to be "data scarce," by enabling residents to share emergency data openly and in real time, PetaBencana.id makes available a wealth of information that promotes resilience to extreme weather events. By gathering, sorting and visualizing data, it provides critical information for residents, communities, and government agencies. The platform adopts a "people as sensors" paradigm, whereby confirmed reports are collected directly from the users at street level, removing expensive and time-consuming data processing. This framework creates accurate, real-time data which is immediately available for users and first responders.

CogniCity OSS was designed, tested, and deployed in Jakarta during a three-year project (2013–2016). The free web-based flood map was used by hundreds of thousands of residents during monsoon flooding. It was also adopted by the

Jakarta Emergency Management Agency (BPBD DKI Jakarta) to monitor flood events, improve response times, and share emergency information with residents.

CogniCity OSS proved the value of crowd-sourced social and digital media for emergency response. Additional CogniCity OSS modules are in development at the MIT Urban Risk Lab to address earthquakes, volcanoes, tsunamis, typhoons, and terrorism. CogniCity OSS is also being designed to integrate and coordinate additional data sources, including various instant messaging services. And, as CogniCity OSS is deployed in other Asian megacities, additional platform extensions and innovations will provide further support for humanitarian responses to urban disasters.

PetaBencana.id, a project initiated in Indonesia by the Urban Risk Lab at MIT, consists of a multidisciplinary team from the fields of design, planning, geomatics, computer science, and philosophy. The team combines design and implementation, bringing into action knowledge from both ethnographic and data-based research through operational web-based programming. By investigating the social consequences of infrastructure transformation as a result of rapid development and climate change, this research project develops new tools, techniques, and methods to help democratize processes of urban transformation and enable greater resilience to climate change.

18
19
20
22
770

RESCUE
BEAR

הפלטפורמה ערוכה לניתוב ותיאום של מקורות מידע נוספים, לרבות תוכנות מסרים מיידיים. עדכונים וחידושים נוספים של הפלטפורמה, הפועלת גם בערי-ענק אסייתיות אחרות, יספקו תמיכה עתידית לצוותי סיוע הומניטרי באירועי אסון אורבניים.

PetaBencana.id, פרויקט אינדונזי ביוזמת מעבדת סכנות עירוניות ב-MIT, מורכב מצוות בין־תחומי של מעצבים, מתכננים וגיאוגרפים, אנשי מחשבים ופילוסופים. הצוות פועל בכל תחומי העיצוב, ליישום מסקנות המחקר האתנוגרפי ואיסוף נתונים בשטח בכלים של תכנות־רשת שיתופי. הפרויקט עוסק בפיתוח כלים, טכניקות ושיטות חדשות, שיתרמו לדמוקרטיזציה של תהליכי השינוי העירוניים ולקידום היערכות טובה יותר לשינויים אקלימיים ותשתיתיים ולשאר ההשלכות החברתיות של תחלואי הפיתוח המואץ.

קבוצת PetaBencana.id, אינדונזיה @ מעבדת סכנות עירוניות, MIT: *אותו נהר, פעמיים* · אורבניזם של סחף, 2017

מיצב וידיאו דו־ערוצי, 75 דקות

מיצב הווידיאו *אותו נהר, פעמיים*, מגולל את הסיפור של PetaBencana.id – פלטפורמת רשת ופרויקט מיפוי-אסון לדיווח על אירועי הצפה בג׳קרטה, אינדונזיה. דרך סיפורי משתמשים ונקודות המבט של תושבים בסכנה המתמודדים עם האקולוגיה של הנהר החוצה את העיר, המיצב עושה שימוש בחומרי וידיאו המתארים את ג׳קרטה כעיר-ענק, המסתגלת בקשיים מרובים לשינויי האקלים בעונת המונסון הטרופית.

כמו ערי-ענק רבות אחרות בדרום-מזרח אסיה ובדרומה, ג׳קרטה יושבת על מישור סחף שיצרה הדלתא של נהר צ׳יליוונג לחוף הים. כשחוצים את העיר מצפון לדרום, הנהר הוא שמגדיר את השְׂדרה המרכזית לאורך קו החוף של העיר. אלא שבשלושת העשורים האחרונים, ההיפר-אורבניזציה של ג׳קרטה שינתה את טבע הנהר ואת יחסיו עם העיר. הצ׳יליוונג, שפעם זרם בלי הפרעה והשתלב באקולוגיה של עיר החוף, חבוי כיום ברובו מאחורי מחסומי בטון, המעידים על המאמצים לשלוט בו ובתנועתו. דומה שבהתרסה נגד המגבלות שהוטלו עליו, הנהר, מצדו, מחליף את חתירתו אל הים בהפכפכות הולכת וגוברת.

המפה PetaBencana.id נותנת קול לא רק לתושבי העיר, אלא גם לנהר. כשיטה יעילה לניהול אזרחי משותף של הצפות, היא דואגת גם לאחד ה"אזרחים" הוותיקים והמשמעותיים של העיר: הנהר.

PetaBencana.id היא מפת קוד-פתוח בתפעול קהילתי. הפרויקט נתמך על-ידי קבוצת תשתיות הומניטריות המסונפת למעבדת סכנות עירוניות בבית הספר לאדריכלות ותכנון של MIT, במטרה לפתח את תוכנת הקוד-הפתוח CogniCity כפלטפורמה חופשית לסיוע במקרי חירום. מאחר שערי-הענק של אסיה הן מערכות מורכבות יותר ויותר של אנשים ותשתיות בקשרי גומלין הדדיים, אירועי אקלים קיצוניים ושינויים סביבתיים ארוכי טווח מציבים אתגרים רציניים לצוותי סיוע ופעולה הומניטרית במקרה אסון.

סביבות שעוברות תהליכי אורבניזציה מהירים נחשבות בדרך כלל כמסדי-נתונים חסרים ובעייתיים. על רקע זה, PetaBencana.id – המאפשרת לתושבים לשתף נתוני חירום בזמן-אמת – היא אוצר בלום של מידע, המאפשר התמודדות משופרת עם אירועי אקלים קיצוניים. באמצעות איסוף, מיון והמחשה חזותית של נתונים, היא מספקת מידע קריטי לתושבים, לקהילות ולגופים ממשלתיים. הפלטפורמה רואה באנשים מעין "חיישנים"; בעזרת "כלים" אלה, דיווחים שאושרו נאספים ישירות מן המשתמשים בשטח, תוך ויתור על עיבוד נתונים יקר שדורש זמן רב. כך נוצר מסד-נתונים מהימן, המתעדכן בזמן-אמת וזמין בלא שיהוי למשתמשים ולגופים המספקים סיוע ראשוני במקרה הצורך.

פלטפורמת הקוד-הפתוח CogniCity עוצבה, נבחנה ויושמה בג׳קרטה בשלוש שנות הפרויקט (2016-2013). מפת ההצפות, המופצת חינם ברשת, שימשה מאות-אלפי תושבים בתקופת גשמי המונסון. היא גם אומצה על-ידי סוכנויות החירום של ג׳קרטה, המנטרות באמצעותה הצפות, משפרות את זמני התגובה וחולקות מידע חיוני עם התושבים.

פלטפורמת CogniCity הוכיחה את תפקידן החשוב של הרשתות החברתיות למיקור-המונים במקרי חירום. מודולים נוספים של הפלטפורמה מפותחים כיום במעבדה של MIT, תוך התאמתם לאירועים של רעידות אדמה, התפרצויות געשיות, צונאמי, טייפון וטרור.

The Berkeley Seismological Laboratory: MyShake Earthquake Application, Since 2016

MyShake is a free app for Android phones that has the ability to recognize earthquake shaking using the sensors in every smartphone. The app, developed by researchers at the UC Berkeley Seismological Laboratory and the Deutsche Telekom Silicon Valley Innovation Center, runs "silently" in the background of the phone using very little power – just like step-tracking fitness apps. The app itself has an integrated neural network, designed to separate sensor readings that represent normal human activities from those that look more like earthquakes. When the shaking fits the vibrational profile of a quake, the app sends the anonymous information to a central system, where it is aggregated with the information from other users.

Combining the data in this way allows the team to confirm the location and magnitude of the quake, even though the sensors are not as high-quality as those found in traditional seismic networks. Many areas of the world with high seismic hazard lack these traditional high-quality networks, but almost all of them have citizens with smartphones. To bring seismic monitoring to these areas, MyShake aims to build a worldwide seismic network of smartphone sensors and use the data to reduce the effects of earthquakes on individuals, and on society as a whole. The data provided by MyShake users can enhance basic scientific research in historically underrepresented areas, as well as provide early warning alerts for earthquakes.

Since its launch in February 2016, MyShake users have sent in wave forms for over 400 earthquakes worldwide, including events in Chile, Argentina, Mexico, Morocco, Nepal, New Zealand, Taiwan, Japan, and North America. In some cases, the captured ruptures were for events as small as a magnitude of 2.5 on the Richter scale. The largest number of waveforms from a single earthquake to date came from the 5.2-magnitude Borrego Springs earthquake in Southern California, for which MyShake collected 103 useful three-component waveforms.

A major update was released in December of 2016. This version maintains the features from the previous release, which provided users with information about recent earthquakes around the world and significant global historical earthquakes, but also now includes earthquake alerts. Currently these notifications originate from the global US Geological Survey catalogue, which reports earthquakes over a magnitude of 5 on the Richter scale, and down to a magnitude of 2.5 in some regions. While these notifications are of recorded events, and not early warnings, this new version does allow us to test the communication pathways that will ultimately be needed once early warning alerts become feasible.

Citizen science users make all of this possible. Since MyShake is still very much a developing research project, it relies on users users to provide feedback on how the app behaves, as well as ideas for new features that would make the user-experience better. It will only be able to provide early warnings in areas where there are enough users for the system to perform. Hopefully, as the algorithms improve, and user experience becomes more rewarding, many more users will want to join the global science network. Everyone can make a difference with just a bit of battery.

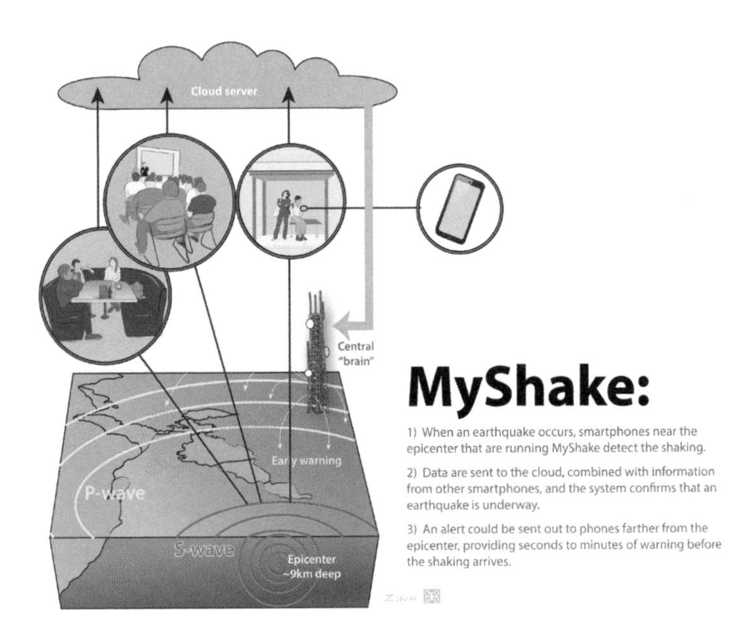

Cloud server
Central "brain"
Early warning
P-wave
S-wave
Epicenter ~9km deep
MyShake:
1) When an earthquake occurs, smartphones near the epicenter that are running MyShake detect the shaking.
2) Data are sent to the cloud, combined with information from other smartphones, and the system confirms that an earthquake is underway.
3) An alert could be sent out to phones farther from the epicenter, providing seconds to minutes of warning before the shaking arrives.

MyShake is a collaborative research project of the UC Berkeley Seismological Laboratory and the Deutsche Telekom Silicon Valley Innovation Center, with funding from the Gordon and Betty Moore Foundation. Team: Louis Schreier (Project Lead, Vice President of Deutsche Telekom Silicon Valley Innovation Center); Richard Allen (Project Lead, Director of Berkeley Seismological Laboratory); Roman Baumgaertner (Technical Lead, Mobile Platform); Siddartha Pothapragada (Senior Software Engineer); Garner Lee (Lead Engineer, Backend Developer); Arno Puder (Project Manager and API developer, Professor of Computer Science, San Francisco State University); Steven Allen (App Developer); Jennifer Strauss (External Relations Officer); Qingkai Kong (Algorithm Development); Douglas Neuhauser (Information Systems Officer); Qingkai Kong (Algorithm Development); Douglas Neuhauser (Information Systems Manager); Stephen Thompson (IT Systems Administrator); Jennifer Taggart (Web Developer); Stephane Zuzlewski (IT Database Administrator).

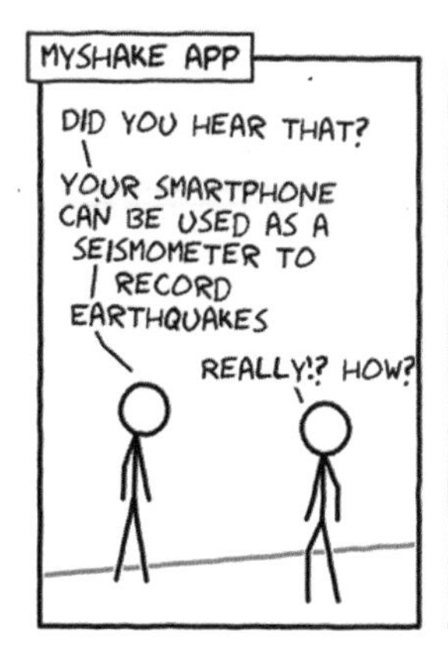
MYSHAKE APP
DID YOU HEAR THAT?
YOUR SMARTPHONE CAN BE USED AS A SEISMOMETER TO RECORD EARTHQUAKES
REALLY!? HOW?

JUST DOWNLOAD MYSHAKE APP AND WAIT FOR AN EARTHQUAKE
HMM. COOL! THAT SOUNDS EASY! LET ME TRY!

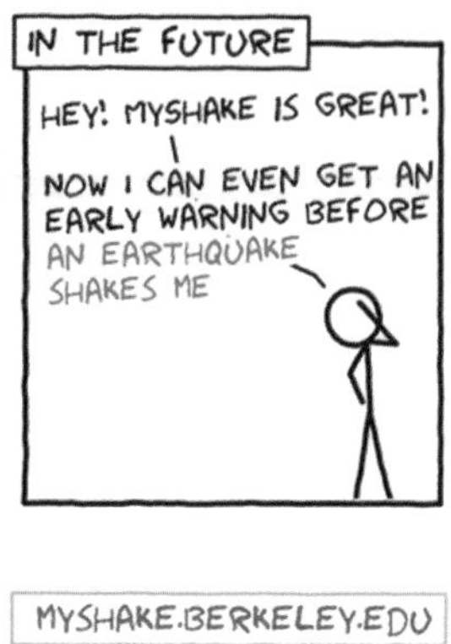
IN THE FUTURE
HEY! MYSHAKE IS GREAT!
NOW I CAN EVEN GET AN EARLY WARNING BEFORE AN EARTHQUAKE SHAKES ME
MYSHAKE.BERKELEY.EDU

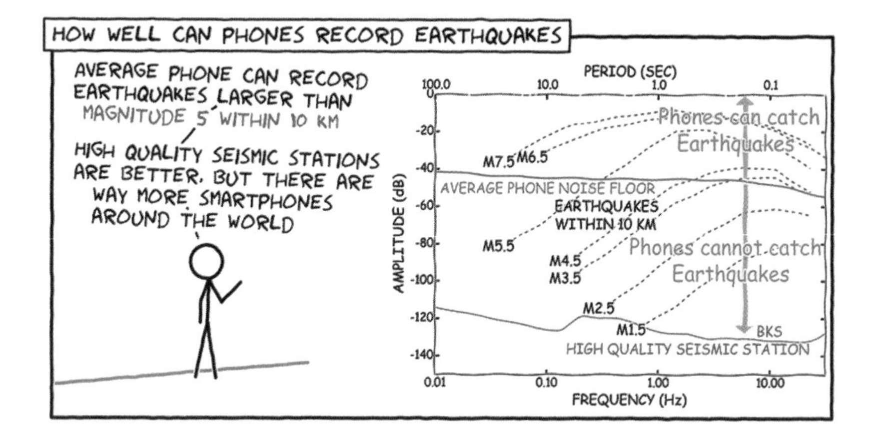
HOW WELL CAN PHONES RECORD EARTHQUAKES
AVERAGE PHONE CAN RECORD EARTHQUAKES LARGER THAN MAGNITUDE 5 WITHIN 10 KM
HIGH QUALITY SEISMIC STATIONS ARE BETTER, BUT THERE ARE WAY MORE SMARTPHONES AROUND THE WORLD
PERIOD (SEC)
100.0
10.0
1.0
0.1
Phones can catch Earthquakes
M7.5
M6.5
AVERAGE PHONE NOISE FLOOR
EARTHQUAKES WITHIN 10 KM
M5.5
M4.5
M3.5
Phones cannot catch Earthquakes
M2.5
M1.5
BKS
HIGH QUALITY SEISMIC STATION
AMPLITUDE (dB)
0
-20
-40
-60
-80
-100
-120
-140
0.01
0.10
1.00
10.00
FREQUENCY (Hz)

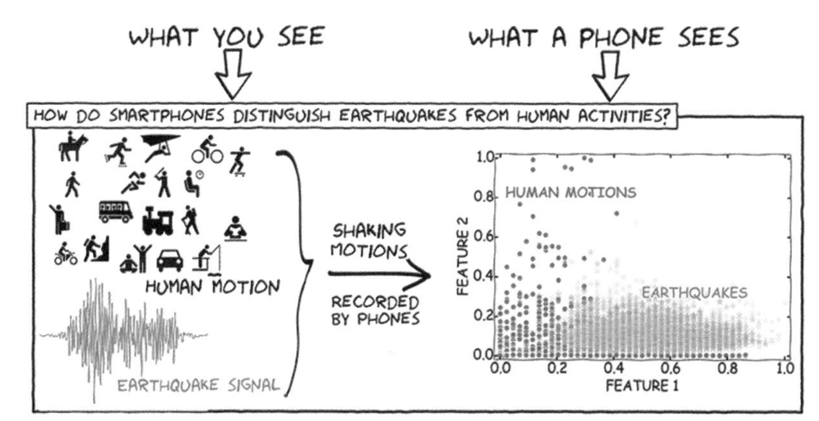

FEATURES CHARACTERIZING THE DIFFERENT SIGNALS GENERATED BY EARTHQUAKES AND HUMANS WERE FED INTO PHONES TO TRAIN THEM TO RECOGNIZE EARTHQUAKES. AFTER TRAINING, THE PHONES ARE CAPABLE OF DECIDING WHETHER NEW SHAKING IS DUE TO AN EARTHQUAKE OR NOT.

IF A PHONE THINKS THE DETECTED MOTION IS DUE TO AN EARTHQUAKE, IT SENDS A MESSAGE TO OUR SERVER FOR PROCESSING.

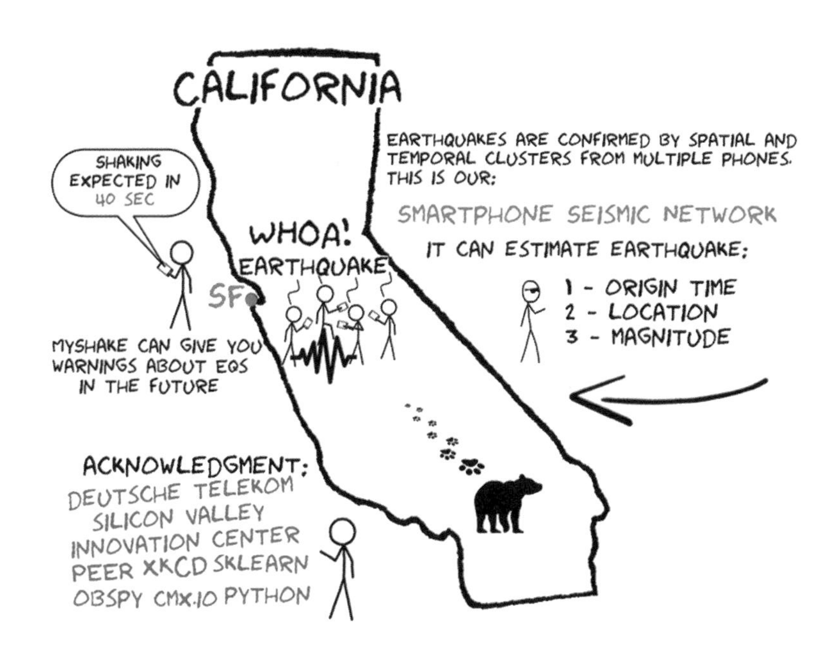

CALIFORNIA
EARTHQUAKES ARE CONFIRMED BY SPATIAL AND TEMPORAL CLUSTERS FROM MULTIPLE PHONES. THIS IS OUR:
SMARTPHONE SEISMIC NETWORK
IT CAN ESTIMATE EARTHQUAKE:
1 - ORIGIN TIME
2 - LOCATION
3 - MAGNITUDE
SHAKING EXPECTED IN 40 SEC
WHOA! EARTHQUAKE
SF
MYSHAKE CAN GIVE YOU WARNINGS ABOUT EQS IN THE FUTURE
ACKNOWLEDGMENT:
DEUTSCHE TELEKOM SILICON VALLEY INNOVATION CENTER PEER XKCD SKLEARN OBSPY CMX.IO PYTHON

משתמשי הקצה, הלוקחים חלק במעין "מדע אזרחי", הם שמאפשרים את הפיתוח הזה. מאחר ש-MyShake הוא פרויקט מחקרי המצוי עדיין בשלב התפתחות מוקדם, אנחנו נסמכים על היזון חוזר המגיע מן המשתמשים לגבי אופני ההתנהגות של האפליקציה, ומקבלים גם רעיונות והצעות למאפיינים חדשים שישפרו את חוויית השימוש. נוכל לספק התראות מוקדמות רק באזורים שבהם מספר המשתתפים יעבור רף מינימלי שיאפשר למערכת לתפקד. ככל שהאלגוריתמים שלנו ישתפרו וככל שחוויית השימוש תיעשה מתגמלת יותר, יותר משתמשים יצטרפו לרשת המדע הגלובלית הזאת. כל אחד מאתנו יכול לתרום לשינוי בעזרת שבריר מאנרגיית הסוללה שלו.

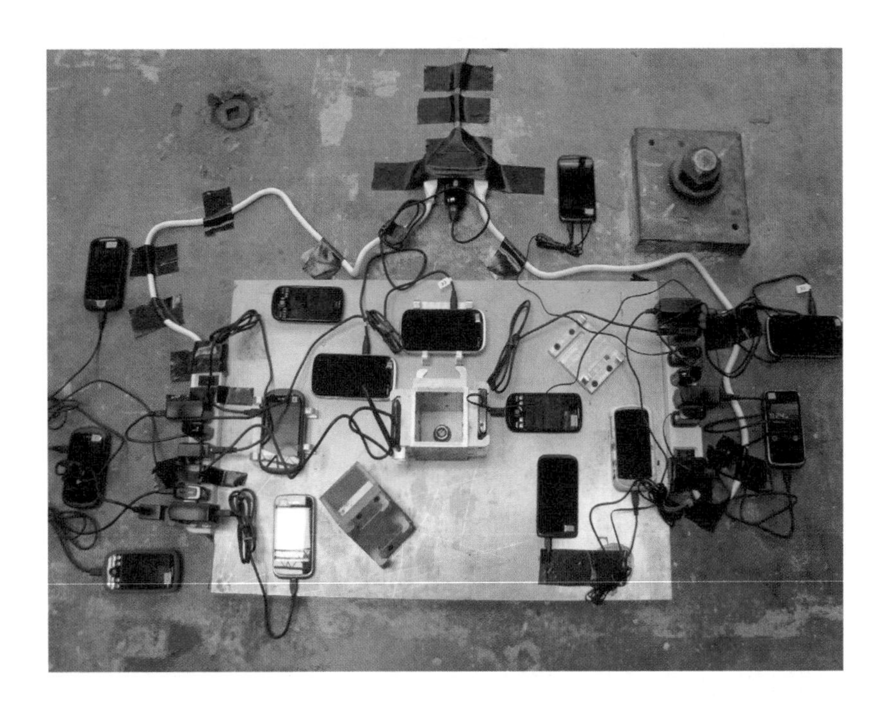

MyShake הוא פרויקט מחקר משותף של מעבדת הסייסמולוגיה באוניברסיטת קליפורניה בברקלי ומרכז החדשנות של דויטשה טלקום בעמק הסיליקון, במימון קרן גורדון ובטי מור. צוות: לואיס שרייבר (מנהל פרויקט, סגן נשיא מרכז החדשנות של דויטשה טלקום בעמק הסיליקון); ריצ'רד אלן (מנהל פרויקט, ראש המעבדה לסייסמולוגיה בברקלי); רומן באומגרטנר (ניהול טכני); סידהרתא פותפרגאדה (מהנדס תוכנה בכיר); גרנר לי (מהנדס ראשי); ארנו פודר (ניהול פרויקט ופיתוח API, פרופסור למדעי המחשב באוניברסיטת סן־פרנסיסקו); סטיבן אלן (פיתוח אפליקציות); ג'ניפר שטראוס (מנהלת יחסי חוץ); צ'ינגקאי קונג (פיתוח אלגוריתמים); גאגלס נויהאוזר (ניהול מערכות מידע); סטיבן תומפסון (ניהול מערכות IT); ג'ניפר טגארט (פיתוח רשת); סטפן זוזלבסקי (ניהול מסד נתונים).

מעבדת הסייסמולוגיה, אוניברסיטת קליפורניה בברקלי: MyShake, אפליקציית רעידות אדמה, 2016 ואילך

MyShake היא אפליקציה חינמית למכשירי אנדרואיד, המזהה רעידות אדמה תוך שימוש בחיישנים המצויים בכל טלפון חכם. האפליקציה, שפותחה על-ידי חוקרים במעבדת הסייסמולוגיה של אוניברסיטת ברקלי ובמרכז החדשנות של דויטשה-טלקום בעמק הסיליקון בקליפורניה, פועלת ברקע הטלפון תוך ניצול מזערי של אנרגיית סוללה – ממש כמו אפליקציות כושר המנטרות את תנועת המשתמש. רשת ה"עצבים" המשולבת של האפליקציה עצמה יודעת להבחין בין קריאות חיישנים המייצגות פעילות אנושית רגילה לבין אלו שעשויות לייצג רעידת אדמה. כאשר הקריאות מתאימות לפרופיל של רעידת אדמה, האפליקציה שולחת את המידע האנונימי למערכת מרכזית, שם הוא נאסף ומשולב במידע שהגיע ממשתמשים אחרים.

שילוב הנתונים בדרך זו מאפשר לצוות לאמת את המיקום והעוצמה של הרעש, גם אם החיישנים אינם משתווים באיכותם לאלה המשמשים רשתות סייסמיות מקצועיות. כמה מן האזורים המועדים לרעידות אדמה ברחבי העולם אינם מכוסים על-ידי רשתות מקצועיות מעין אלו, אבל בכולם נמצא תושבים עם טלפונים חכמים. כדי לספק ניטור סייסמי לאזורים אלה, MyShake מבקשת להקים רשת סייסמית כלל-עולמית על בסיס חיישני טלפונים חכמים, שנתוניהם ישמשו לצמצום הנזקים ולמזעור ההשלכות של רעידות האדמה על יחידים ועל החברה ככלל. הנתונים שמספקים משתמשי MyShake עשויים לקדם את המדע באזורים הסובלים מתת-חשיפה מחקרית, ובסופו של דבר גם לספק שירות של התראות מוקדמות לרעידות אדמה.

מאז השקת האפליקציה בפברואר 2016, סיפקו משתמשי MyShake טפסים סייסמיים לגבי יותר מ-400 רעידות אדמה ברחבי העולם, לרבות אירועים בצ'ילה, ארגנטינה, מקסיקו, מרוקו, נפאל, ניו-זילנד, טייוואן, יפן וצפון-אמריקה. בכמה מן המקרים נרשמו אפילו רעשים מינוריים בעוצמה של סביב 2.5 בסולם ריכטר. המספר הגדול ביותר של טפסים סייסמיים שהתקבל עד היום מרעידת אדמה בודדה, הגיע מרעש בעוצמה של 5.2 בבורגו-ספרינגס (Borrego Springs) שבדרום קליפורניה, שלגביו אספה MyShake 103 טפסים סייסמיים שימושיים.

עדכון משמעותי של האפליקציה יצא בדצמבר 2016. גרסה זו משמרת מאפיינים מהגרסה הקודמת, שסיפקה למשתמשים מידע על רעידות אדמה מן הזמן האחרון ברחבי העולם ועל רעשים היסטוריים משמעותיים, ועכשיו גם בוחנת פיתוח של הודעות התראה על רעידות אדמה. ההודעות מגיעות מ-USGS, רשת הסקר הגיאולוגי העולמי של ארצות-הברית, המדווחת על רעידות אדמה בעוצמה של מעל 5 בסולם ריכטר (ובמחוזות מסוימים גם בעוצמה נמוכה של סביב 2.5). הדיווחים הללו מתייחסים אמנם לאירועים מתועדים ואינם מהווים התראות מוקדמות, אבל הגרסה החדשה מאפשרת לנו לבחון את ערוצי התקשורת שישמשו בסופו של דבר את שירותי ההתראות המוקדמות.

Twitter USGS: Earthquake Social, Since 2009

You just experienced an abrupt, uncontrollable event, the ground literally moving under your feet. What do you do? Tweet? Earthquakes occur without warning and rapidly focus thousands, and often millions, of people's attention on a single event. People naturally begin to share their shock and experiences and, with the ubiquity of social media, the sharing happens quickly. Within seconds of a felt earthquake, people start to tweet. These short reports of first-hand experiences are rapidly distributed around the globe, and may be received at an earthquake observatory before the arrival of seismic waves, which take more than two minutes to propagate to distances of 1000 km or further. In regions with sparse seismic instrumentation, which cover much of the planet, these tweets are often the first indication that a disaster has occurred. Since 2009, the US Geological Survey has been operating a real-time system with crowd-sourced tweets as the only input to rapidly detect, locate, and assess the impact of felt earthquakes worldwide.

The system gathers tweets with the word "earthquake" or its translation in several languages using publicly available tools provided by Twitter. It detects events, generally within 20-120 seconds of an earthquake, by continuously scanning for rapid increases in the frequency of earthquake tweets. Not all tweets that contain "earthquake" are from people who recently experienced shaking, so we apply filters to identify those tweets that are more likely to come from people in an epicentral region. For earthquake detection, we use only tweets with less than seven words; people rapidly tweeting after an earthquake are not verbose. We remove tweets with numbers, as numbers in earthquake-related tweets usually refer to a magnitude and if a magnitude has been calculated the event has already been seismically detected.

After a tweet-based earthquake detection is made, a rough location of the shaking is obtained by identifying the largest geographical grouping of the tweets. The geographic origin of a single tweet can generally be derived from the location specified in a user's profile, and about 3% of the tweets have accurate GPS-based latitude and longitude coordinates. Errors in estimating the geographic origin of a tweet are not uncommon. However, outliers are usually randomly distributed and can
be removed.

The tweets harvested in the minutes and hours after the earthquake can provide a qualitative description of an earthquake's societal impact. The most direct method of assessment is to manually review the tweets and accompanying pictures and videos. However, information can be obtained faster by looking at aggregated statistics. The number of tweets and the duration of increased activity are indicators of interest in an event. Tweets can also be automatically scanned for words indicative of damage, and mapped to estimate the spatial extent of the shaken region.

Social media cannot be relied on as the sole source of earthquake information. Seismically derived parameters such as accurate locations, magnitude, and ground shaking cannot be derived from tweets. And tweets from non-seismic sources such as sonic booms and rock concerts have generated false detections. Scientific verification will always be required. However, analysis of real-time earthquake tweets has proven to successfully augment the US Geological Survey's earthquake monitoring activities. Our independent tweet-based system often finds small earthquakes that are undetected by traditional seismic algorithms in populated, yet sparsely instrumented, regions of the globe. The tweet-based detections also precede seismic detections at a rate of ten to one, with 90% of the detections occurring in less than two minutes and some as fast as 20 seconds. These early detections and analysis provide an initial heads-up and rapid-impact assessment that helps to guide the scale of our response.

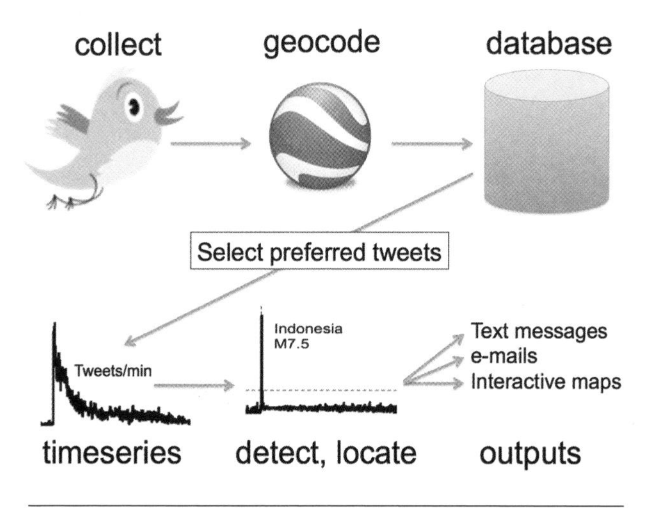

Illustration of the tweet-based earthquake detection process

Twitter USGS team: Paul Earle is the Director of Operations for the US Geological Survey National Earthquake Information Center (NEIC), where he oversees its 24/7 earthquake monitoring mission. He guides the development and implementation of new policies and procedures used during earthquake response; Michelle Guy is a computer scientist who architects and manages highly specialized, real-time scientific software systems. These one-of-a-kind systems serve to bring the unique science of the US Geological Survey into real-time operations and produce products for worldwide consumption by emergency responders, government agencies, and the general public.

Map of earthquakes detected by the Twitter-based system, July 2013 – January 2014
(Twitter is blocked in some countries that have seismically active regions)

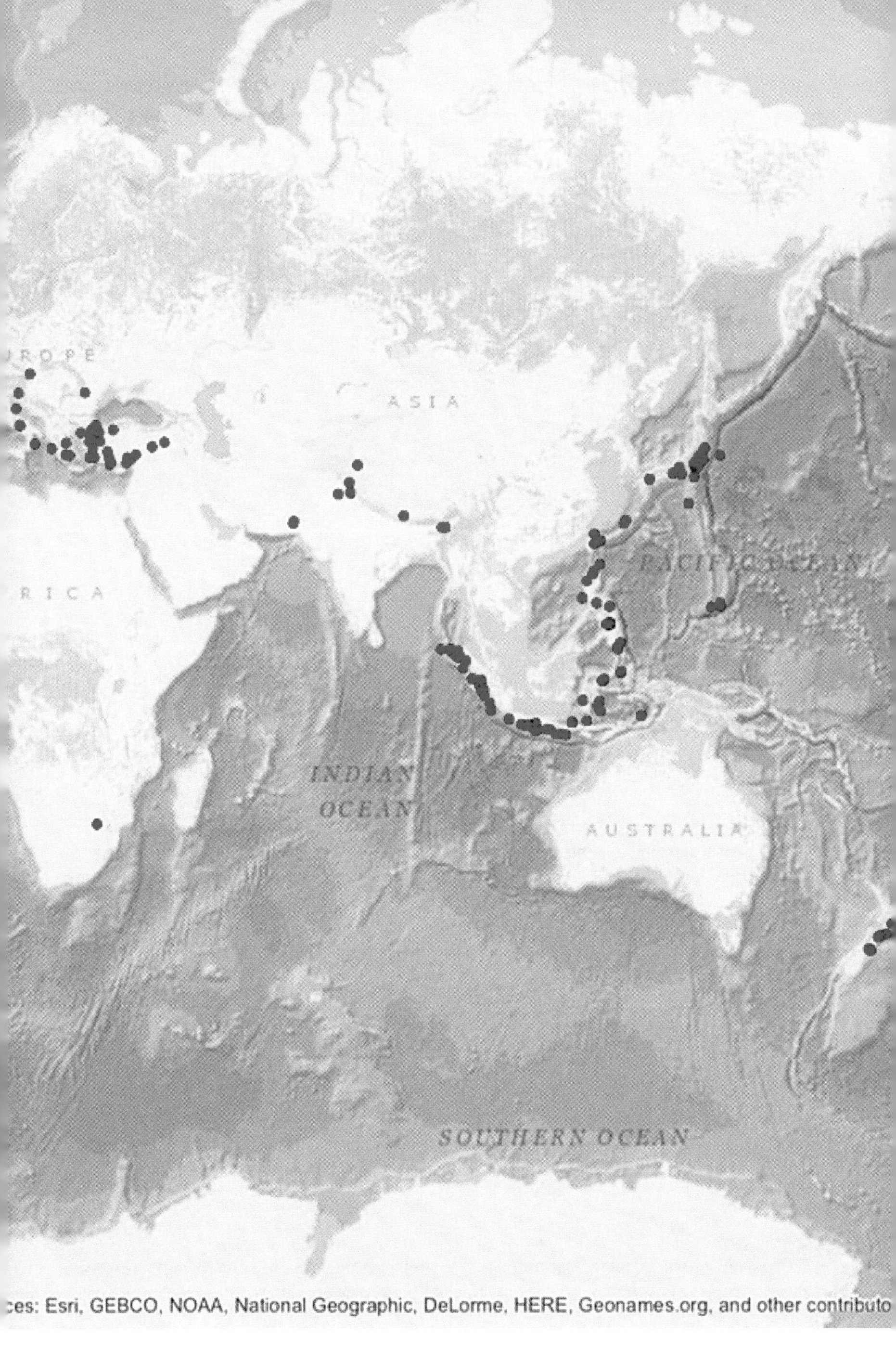

מפת רעידות אדמה שאותרו על־ידי מערכת הזיהוי של טוויטר בין יולי 2013 לינואר 2014
(טוויטר חסום בכמה ארצות שבהן מחוזות הסובלים מפעילות סייסמית מוגברת)

המוּכּרוּת. אַבחוּנים מבוססי-ציוצים גם מקדימים את הזיהויים הסייסמיים בשיעור של 10:1, כאשר 90% מן הזיהויים מושגים תוך פחות משתי דקות (לכמה מהם נדרשו לא יותר מעשרים שניות). אבחונים וניתוחים מוקדמים אלה מספקים התראה ראשונית ומאפשרים אומדן זריז של נזקים, שמסייע בהערכת הצורך במענה לאסון.

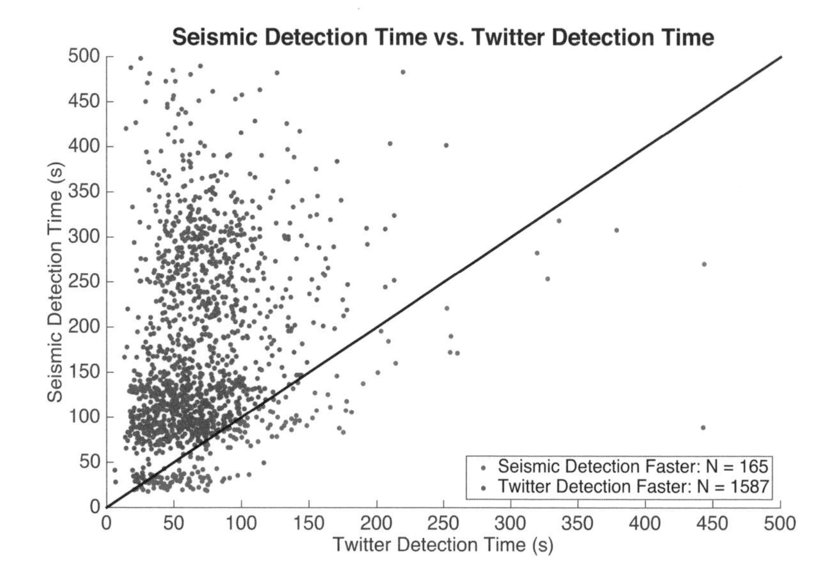

השוואת זמני הניטור הסייסמי לזמני האיתור בכלי טוויטר. רק 10% מתוך 1,725 רעידות אדמה אותרו בכלים אחרים לפני שזוהו על־ידי טוויטר

צוות טוויטר USGS: פול ארל מנהל את מִבצעי מרכז המידע האמריקאי לרעידות אדמה (NEIC) של תוכנית הסקר הגיאולוגי (USGS), שם הוא מפקח על משימת ניטור רציפה של רעידות אדמה ברחבי העולם. בתפקידו זה הוא מקדם תהליכים של פיתוח מדיניות ויישום הליכים חדשים של תגובה לרעידות אדמה; מישל גיי היא מדענית מחשב, שמנהלת ומעצבת מערכות תוכנה לתכליות מדעיות ממוקדות. אלו מערכות יחידות מסוגן, המשמשות ביישום המדע הפרטני של USGS לפעולות בזמן־אמת ולייצור מוצרים ייעודיים, המופצים ברחבי העולם לשירות צוותי חירום, סוכנויות ממשלתיות והציבור הרחב.

טוויטר USGS: רעידת אדמה ברשת, 2009 ואילך

הרגע חוויתם אירוע פתאומי, קיצוני ובלתי נשלט: האדמה זעה מתחת לרגליכם. מה תעשו? תצייצו? רעידות אדמה קורות בלי אזהרה וממקדות אליהן בלי שיהוי את תשומת הלב של המוני בני אדם. מטבע הדברים, אנשים מבקשים לשתף אחרים בחוויותיהם ובפחדיהם, והזמינות הטכנולוגית של הרשתות החברתיות רק מאיצה את התהליך. שניות מרגע שהורגש הרעש, אנשים מתחילים לצייץ. דיווחים קצרים אלה של חוויות ממקור ראשון מופצים במהירות סביב העולם, ולפעמים נרשמים ברשתות הניטור הגלובליות לפני הגעת הגלים הסייסמיים, הזקוקים ליותר משתי דקות כדי לעבור מרחק של למעלה מאלף ק"מ.

באזורי עולם הסובלים מפרישה דלילה של מכשור סייסמי – כלומר, ברוב פני השטח של כדור הארץ – ציוצים כאלה הם לא-פעם האינדיקציה הראשונה המיידעת את שאר העולם על התרחשותו של אסון. מאז 2009, הסקר הגיאולוגי של ארצות-הברית (USGS) הפעיל מערכת מיקור-המונים בזמן-אמת העושה שימוש בציוצים, שהם לפעמים הקלט היחידי המאפשר לזהות, לאתר ולהעריך במהירות את האימפקט של רעידות אדמה ברחבי העולם.

המערכת אוספת ציוצים עם המלה earthquake או מקבילותיה בכמה שפות, תוך שימוש בכלי הטוויטר הזמינים לציבור. היא מזהה אירועים, בדרך כלל תוך 20 עד 120 שניות מרגע הרעש, באמצעות רצף של עליות חדות בתכיפות הציוצים על רעידות אדמה. לא כל הציוצים שכוללים את המלה earthquake באים מאנשים שזה עתה חוו רעש, ולכן יש להפעיל פילטרים שונים המסננים מבין הציוצים את אלה שסביר כי מקורם קרוב ככל האפשר למרכז הרעש. המערכת מעבדת רק ציוצים המחזיקים פחות משבע מילים, כי אנשים שמצייצים במקרים כאלה לא נוטים להכביר מילים. המערכת מסלקת גם ציוצים הכוללים מִספרים, שכן אלה מתייחסים בדרך כלל לעוצמת הרעש, ואם זו כבר חושבה – יש להניח שהאירוע כבר זוהה על-ידי הרשתות הסייסמיות.

לאחר הזיהוי, מחושב מיקום משוער של הרעש באמצעות איתור הריכוז הגיאוגרפי של הכי הרבה ציוצים. המיקום הגיאוגרפי של ציוץ בודד נאמד בדרך כלל על פי הכתובת המצוינת בפרופיל המשתמש, ובנוסף על כך, כשלושה אחוזים מן הציוצים כוללים קואורדינטות מדויקות מבוססות-GPS. טעויות בהערכת המקור הגיאוגרפי של ציוץ אינן נדירות. כתובות מפוקפקות, שפרישתן חשודה, מוסרות בדרך כלל.

ציוצים הנקצרים תוך דקות עד כמה שעות מזמן התרחשות הרעש, ממחישים באופן איכותי למדי את האימפקט החברתי של הרעש. שיטת ההערכה הישירה ביותר מבוססת על קריאת הציוצים והתבוננות בתמונות ובחומרי וידיאו נלווים. עם זאת, מידע זריז יותר מושג לפעמים מסטטיקטיקה של ציוצים. מספר הציוצים ומשך הפעילות המוגברת ברשת מצביעים על מידת העניין באירוע. ציוצים גם נסרקים באופן אוטומטי בחיפוש אחר מילים המעידות על נזק, וממופים לחישוב הפרישה המרחבית של האזור הפגוע.

אין להסתמך על רשתות חברתיות כמקור יחידי למידע על רעידות אדמה. מדדים סייסמיים מהימנים של מיקום, עוצמה ותנודה של לוחות טקטוניים לא יכולים להישאב מציוצים – וכבר קרה שציוצים על אירועים שאינם סייסמיים, כמו בומים אל-קוליים או מופעי רוק, הניבו זיהויים שגויים. אימות מדעי יידרש תמיד. עם זאת, ניתוח של ציוצי רעידות אדמה בזמן-אמת הוכיח את עצמו כעיבוי מוצלח לפעילות ניטור הרעשים של USGS. השיטה העצמאית שלנו, מבוססת-הציוצים, מזהה לפעמים רעשים מינוריים שלא נקלטים על-ידי אלגוריתמים סייסמיים מקצועיים, באזורי עולם מאוכלסים שאינם מכוסים על-ידי הרשתות הסייסמיות

דבר נוסף שאני חושבת עליו הוא הצורך ברשתות חברתיות היפר-מקומיות, שבהן התקשורת נקייה מרעשי ההמון. אני גם תוהה מה נעשה במקרה של קריסת רשת התקשורת הסלולרית. כיצד נתַקשר אז? כיצד נוכל אז להשתמש בכל הפלטפורמות שדיברתי עליהן? צריך שיהיו לנו טכנולוגיות חלופיות, שכבר מצויות בשימוש לצרכים אחרים, ושנוכל בקלות "להוריד מהמדף" ולהשתמש בהן בדרכים חדשות במקרה אסון. ובאופן כללי צריך לחשוב כיום על טכנולוגיות עמידות, שיאפשרו את ההפעלה של כל אותם כלים ופלטפורמות גם במצבי אסון.

קייט סטרברד, דוקטור לטכנולוגיה, מדיה וחברה מאוניברסיטת קולורדו (2012), היא מרצה במחלקה לעיצוב והנדסת אנוש באוניברסיטת וושינגטון. מחקרה יושב במפגש בין מדעי המחשב ומדעי החברה, ומתמקד בשימוש במדיה וברשתות חברתיות באירועי אסון.

GeekWire הוא אתר חדשות צומח בנושאי טכנולוגיה, שמרכזו בסיאטל, וושינגטון, אך מנוייו פרושים בכל רחבי העולם. בנוסף לכיסוי חדשותי, GeekWire מספק שירותים חיוניים לקהילת הטכנולוגיה בצפון החוף המערבי של ארצות־הברית, כמו לוח הדרושים GeekWire, GeekWork 200 Startup Ranking, Startup List Database, Service Provider Directory, ועוד. תוכנית הרדיו השבועית של GeekWire זמינה ברחבי העולם כפודקאסט. האתר נוסד ב-2011 על-ידי העיתונאים ג'ון קוק וטוד בישוף והסטרטאפיסט הוותיק ג'ונתן ספוסטו. ראו: www.geekwire.com/2015/how-social-technologies-and-human-behavior-are-changing-the-aftermath-of-disasters

את התמונה הזאת קיבלתי ממחקר שנעשה ב-2009 באוניברסיטת וושינגטון. זו הדמיה של גשר מתמוטט בעיר גדולה. אדבר בקצרה על מה שעשוי להתרחש במקרה כזה.

עד כמה שידוע לי, כדי לשרוד, אנשים ימצאו אינספור דרכים להשתמש בכלים שברשותם ויעבדו עם מה שיש להם. באירועי אסון, התכונות החברתיות של בני האדם עולות אל פני השטח. הם יעזרו לעצמם, והם יעזרו לאחרים, והכלים שיסייעו בכך יהיו, בין השאר, הרשתות החברתיות וגם טכנולוגיות אחרות שעוד יפותחו בעתיד. הם ישלבו ידיים וישתפו פעולה ברשתות החברתיות. אחד הדברים הראשונים שאעשה עם יקרה בסביבתי משהו, הוא לתַקשר עם אנשים מחוץ לאזור האירוע בכל דרך אפשרית, כי אני יודעת שהם יוכלו לעזור לי טוב יותר משאוכל לעזור לעצמי.

שמגיע מקבוצה אחת, וקבוצה אחרת מעבדת אותו ומעבירה אותו הלאה. אנחנו קוראים להם מְמַקרי-המונים (crowd-sourcerers).

כך גילינו שמרחב המידע הזה החשוב הזה בנוי מקישוריות הדדית אינסופית, כי המשתתפים הרבים שמעלים חומרים הם שהפכו אותו למה שהוא. הם מצאו חומרים בפייסבוק, או בבלוג החי, או שדיברו עם מישהו בטלפון והעלו את המידע ששמעו לבלוג. נוצר מצב שבו שדרי רדיו היו בעצם קוראים מידע מן הבלוג. מידע זרם פנימה והחוצה ברחבי הפלטפורמות השונות. בעצם הוא לא זרם. אנשי הניעו אותו באופן פעיל ממקום למקום, כדי לגשר על נתקים של תשתיות וגישה. המתלבטים אם להשתמש בטוויטר, או בפייסבוק, צריכים לדעת שמרחבי המידע האלה משולבים אלה באלה ושהמידע נע בתוכם וביניהם.

ואלה שני הממצאים החשובים שלנו: שמקצוע העיתונות עובר כיום שינוי; ושבאירועי משבר אנשים לוקחים על עצמם תפקידים חדשים ומיישמים את הכישורים שלהם בדרכים חדשות. במקרה שתואר, ראינו עיתונאים ששכללו את התפקיד שלהם מ"אני מדווח" ל"אני מְמַקר-המונים".

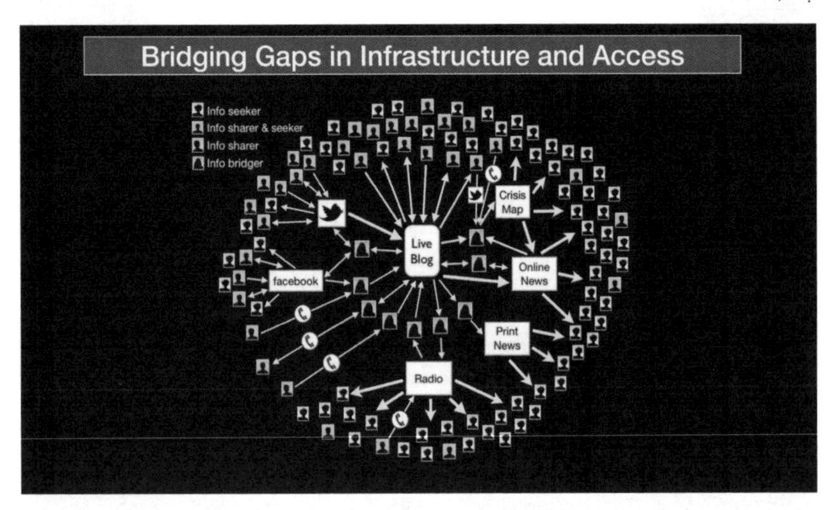

האירוע האחרון שאדבר עליו הוא הוריקן סנדי, שפגעה באזור עירוני מאוכלס בצפיפות – אזור מקושר ביותר, רווי מרחבים מקוונים, שאנשים בו רגילים להסתמך על רשתות חברתיות ועל תקשורת סלולרית. באירוע זה ראינו כמה התנהגויות מעניינות בהחלט, ואתמקד בדוגמא קטנה: אנשים שניסו למצוא דלק בניו-ג'רזי, ויצרו לשם כך האשטאג בטוויטר, #NJGas.

אנשים היו מדווחים, הרגע השגתי דלק כאן, התור היה באורך כך וכך, המחיר היה כזה וכזה, ותייגו את המידע בהאשטאג #NJGas. מי שחיפש דלק, כל מה שהיה עליו לעשות הוא להיכנס לטוויטר, לחפש את הסולמית הזאת, ולראות שם מרחב מידע מאורגן. אבל אם סבלת מבעיות תקשורת, רוחב פס, סוללה חלשה, או שנתקעת בלי חשמל למטען, היית בצרה. אז מישהו אחר, מחוץ לאזור הפגוע, הבחין בקושי הזה ואסף את המידע, כדי שאנשים לא יצטרכו להתעדכן באופן שוטף בסולמית #NJGas; הם רק יצטרכו לשלוח לו סמס והוא כבר יבדוק בשבילם איפה אפשר למצוא דלק. המקומיים משתפים על חיפוש מידע כלשהו בשטח – ומשתתפים רחוקים מושיטים להם עזרה בקבלת המידע שהם צריכים.

תקשורת קווית. החשמל נותק, כך שזה היה אירוע קשה מאוד. מי שחי באזור הקטסקיל, קיבל את רוב המידע דווקא מאמצעים של מיקור-המונים. עשיתי את המחקר הזה עם דוקטורנטית שלי באותו זמן. היא מהרי הקטסקיל, והיא אספה את הנתונים הללו. שמה דהרמה דיילי, ורציתי לציין את שמה.

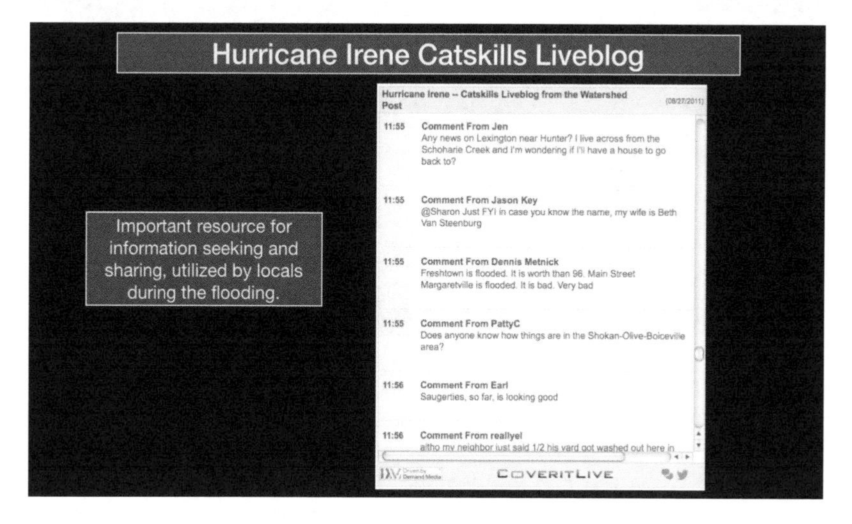

נוצר שם מין בלוג חי, מרכז מתעדכן של מידע שוטף, שבו אפשר לקבל מידע בזמן-אמת. האתר הזה התפתח והעביר דיווחים על אנשים לכודים, או כאלה שניתקו מבני המשפחה שלהם ומנסים לברר היכן הם. אנשים היו שואלים שאלה, ואלפי מסרים היו נשלחים בפלטפורמה הזאת, שֶׁהפכה למשאב רב-ערך. הכל התחיל עם שני עיתונאים מקומיים בעיתון מקוון קטן בשם *Watershed Post*, שגייסו עיתונאים נוספים מאתרים אחרים ויחד בנו בלוג חי. בעצם הם הניחו יסודות לשיתוף פעולה מעניין של מיקור-המונים, שבו נחשפים למידע

טלפון, כך שמליסה יצרה קשר לא רק איתו אלא גם עם כל משפחתו בהאיטי. היא איתרה כאן אנשים שזקוקים למזון, ושם אנשים שצריכים רופא, וקישרה את המידע הזה בין כל האנשים ברשימת הכתובות שלה, התקשרה אליהם, סיפרה מה שמעה ובירדה מי יכול לעזור. היא הפכה למין מרכזייה מעבר לים, ובמשך כמה ימים, עוד לפני שצוותי החירום הרשמיים יצאו לדרך, הניעה סיוע ברחבי האיטי. והיא לא היתה בודדה במשימתה.

היא ואנשים כדוגמתה, אמנם לא בהיקפים גדולים, הצליחו להשפיע. ערכתי איתם ראיונות, ואחד מהם סיפר: "בטוויטר גיליתי קבוצה שלמה של אנשים שמצייצים בשביל האיטי, והתחלתי לקשור קשרים כדי לנסות להציל חיים, כמה שאפשר". החברים האלה שיתפו פעולה בדרכים יצירתיות ממש, ויצרו רשת מסועפת. כך נוצר לנו מסד-נתונים של טוויטר, מסד-ציוצים. בין כמה מן ההאשטאגים שתייגו המשתתפים נוצרה גם רשת צפופה של נשים, שחלקו מידע וחוויות במהלך ההתרחשות. בראיונות שערכנו גילינו שלפני ה-12 בינואר 2010, שלושה מתוך עשרים המרואיינים שלנו הכירו אולי אדם אחד נוסף ברשת. לאחר האירוע כולם היו בקשר עם כולם, והם תיאמו את הפעילות שלהם: היי, אני באוסטרליה, הולך לישון, האם מישהו בארצות-הברית יכול לקחת על עצמו את הבקשה הזאת, להתקשר ל-X ולראות אם הם עדיין צריכים עזרה. וזו באמת התגייסות מרגשת.

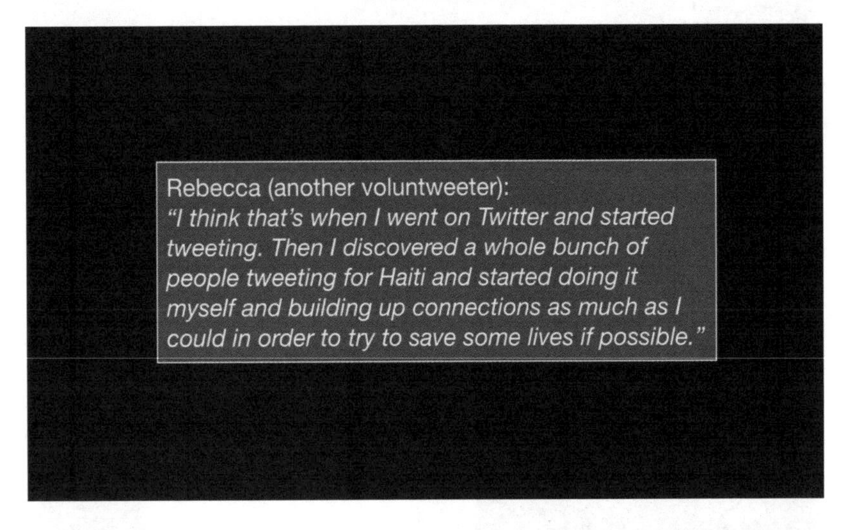

Rebecca (another voluntweeter):
"I think that's when I went on Twitter and started tweeting. Then I discovered a whole bunch of people tweeting for Haiti and started doing it myself and building up connections as much as I could in order to try to save some lives if possible."

במהלך אירועי אסון תמיד רואים התארגנויות ספונטניות, אבל כאן רואים התארגנויות וירטואליות מסוג חדש, כאלה שמתהוות ברשתות תקשורת. כמה מהפעילים חוזרים לאתר פעם אחר פעם, ובכל חזרה הם כבר מוצאים שם מרכזי כובד אחרים, אנשים חדשים. הציבור מנכס לעצמו את הרשתות החברתיות ואת הכלים המקוונים כדי לחבור אלה לאלה באופן דיגיטלי, ליצור קשר ולשתף פעולה, לפתור בעיות במהלך אירועי אסון.

האירוע השני שאדבר עליו הוא הוריקן איירין ב-2011. זה היה באמת מקרה מעניין, כי אפשר לזהות בו התפתחות באופני הפעולה של עיתונאים. הסופה פגעה בעיקר באזורים בצפון מדינת ניו-יורק ובוורמונט, לצד סופה נוספת שהגיעה לאזור ממש באותו זמן, מה שגרם לשטפונות והצפות קטסטרופליים. עיירות שלמות והרבה מתשתית הכבישים והגשרים שקעו ונסחפו במים, אנשים היו לכודים ונזקקו למזון ולדברים אחרים, לאורך זמן. בני משפחה לא יכלו לתקשר ביניהם. באזור הכפרי של הרי הקטסקיל לא היתה בכלל תקשורת סלולרית, רק

Online Volunteerism
Need Help?
Want to Volunteer?
Sign Up at
boulderfloodrelief.org
BOULDER
FLOOD
RELIEF
Boulder Flood Relief
Like
Follow
Message
Community
THE PROBLEM ISN'T OVER! REQUEST HELP or VOLUNTEER at
boulderfloodrelief.org. @BoulderFlood #boulderfloodrelief
About · Suggest an Edit
Photos
8,451
Likes
Events

אספר על מליסה אליוט, ששבעה או שמונה ימים אחרי רעידת האדמה בהאיטי צייצה: "אני המומה. השגנו ציוד, הצלנו אנשים מההריסות, ארגנו להם רופאים. אנחנו הכי טובים, אנחנו מתנדוויטרים (voluntwitters)". מיהם האנשים האלה, ומיהי מליסה אליוט? איפה היא היתה באותו זמן ואיך הצליחה לשנע רופאים ברחבי האיטי? מליסה אליוט, MelyMello@, היא לדעתי קנדית דוברת צרפתית שלקחה ללב את האירוע. השפה המדוברת בהאיטי היא קריאולית, אבל השפה השנייה היא צרפתית, כך שרבים מבין המסייעים להאיטי היו קנדים צרפתים.

מליסה אליוט התחילה לחפש בסביבתה תושבי האיטי, רשמה את מספרי הטלפונים הניידים שלהם, והשיגה להם תנאי גלישה סלולריים משופרים כדי שיוכלו להשתמש בהם לארגון של רשת מתנדבים. בעזרתם החלה לגייס עזרה ברשת, לנסות להשיג תרומות ולהכיר אנשים.

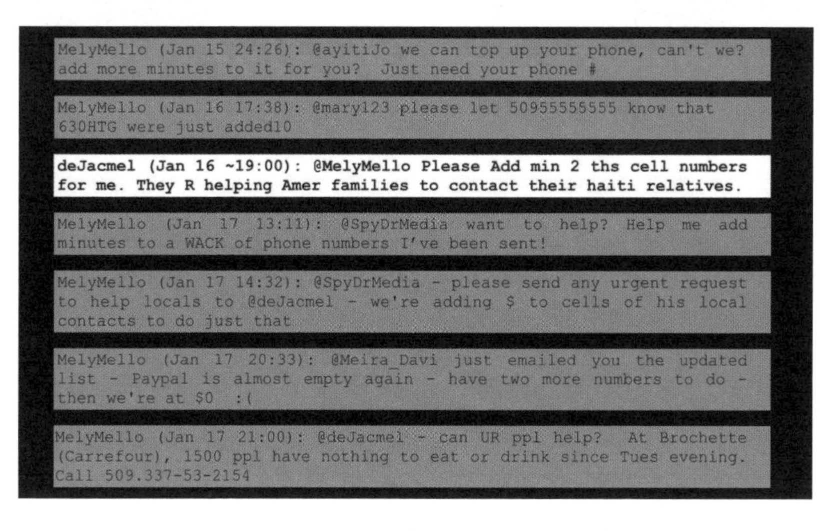
MelyMello (Jan 15 24:26): @ayitiJo we can top up your phone, can't we? add more minutes to it for you? Just need your phone #
MelyMello (Jan 16 17:38): @mary123 please let 50955555555 know that 630HTG were just added10
deJacmel (Jan 16 ~19:00): @MelyMello Please Add min 2 ths cell numbers for me. They R helping Amer families to contact their haiti relatives.
MelyMello (Jan 17 13:11): @SpyDrMedia want to help? Help me add minutes to a WACK of phone numbers I've been sent!
MelyMello (Jan 17 14:32): @SpyDrMedia - please send any urgent request to help locals to @deJacmel - we're adding $ to cells of his local contacts to do just that
MelyMello (Jan 17 20:33): @Meira_Davi just emailed you the updated list - Paypal is almost empty again - have two more numbers to do - then we're at $0 :(
MelyMello (Jan 17 21:00): @deJacmel - can UR ppl help? At Brochette (Carrefour), 1500 ppl have nothing to eat or drink since Tues evening. Call 509.337-53-2154

אחד מהם היה ז'קמאל – בחור, אז בן 17, שלמד באותו זמן בבית ספר בפלורידה אבל משפחתו היתה בהאיטי, והוא יצר קשר עם MelyMello@. הוא שלח לה רשימות של מספרי

מסוגים שונים: אסונות טבע, רעידות אדמה, הוריקנים, מקרי אקלים קיצוניים כמו שלג כבד בסיאטל, וגם אירועים מעשה ידי אדם. המפגש הזה מאפשר לנו דברים רבים שלא יכולנו לעשות קודם לכן. אנשים יכולים לשתף מידע על מה שקורה להם בזמן-אמת, עם חבריהם, משפחותיהם, שכניהם והציבור ככלל, עם צוותי חירום, עם עיתונאים. כולנו חמושים בטלפונים ניידים, ואנחנו יכולים להשתמש בפלטפורמות הללו כדי לשתף מידע. שיתוף המידע עשוי לעזור לאנשים אחרים לקבל החלטות טובות יותר, לעורר את המודעות הסביבתית שלנו למצב, לתרום להבנתנו את המתרחש. כלים אלה יכולים לשמש גם את צוותי החירום להפצת מידע שוטף לציבור הרחב, כמו הציוץ שהכריז על פינוי האזור בזמן השטפונות של 2013 בבולדר, קולורדו.

הדבר השלישי שאני בוחנת הוא רוח ההתנדבות שנושבת ברשת, שהפלטפורמות שלה מסייעות לאנשים לעזור לעצמם ולאחרים בדרכים חדשות. ראו למשל את התצלום הבא:

Sociologists of disaster: After a disaster event, people will converge on the scene to, among other things, offer help
Photo Credit: AP

זהו אותו מטוס נוסעים אמריקאי שב-2009 נחת נחיתת חירום על נהר ההדסון, ואלה הצוותים הראשונים שהגיעו למקום: מעבורות שהיו באזור ומיהרו לעזור לאנשים לרדת מהמטוס.

סוציולוגים חוקרי אסונות הבחינו מזמן שבמקרי אסון אנשים נוטים לחבור אלה לאלה, להגיע למקום ולהושיט עזרה. הראשונים להגיע לאזור אסון הם לעתים קרובות לא צוותים של אנשי מקצוע אלא אנשים רגילים, שיוצאים לזירה כדי לעזור. יותר ויותר אנחנו מזהים חבירה כזאת במרחבים חברתיים ומקוונים תוך כדי אירועי אסון. חקרתי את רוח ההתנדבות הדיגיטלית הזאת במשך כמה שנים.

היום אדבר על שלושה אירועים, ואתמקד באופנים שבהם אנשים חוברים אלה לאלה כדי להושיט עזרה. אתחיל ברעידת האדמה שפקדה את האיטי ב-2010. מאות-אלפי אנשים סבלו ממחסור חמור במזון, מים ומחסה במשך שבועות רבים, כי התשתיות של האיטי נחרבו לגמרי. כמו רבים אחרים, שוטטתי ברשת בניסיון לעזור. יחד עם החברים שאיתם עבדתי באותו זמן באוניברסיטת קולורדו, מצאנו עמיתים שניסו להשתמש בכלי הרשתות החברתיות כדי להושיט עזרה. אתמקד בסיפורים שלהם.

כיצד טכנולוגיה חברתית משנה את ההתנהגות האנושית במהלך אירועי אסון

קייט סטרברד

(תִמלל וערך: טוד בישופ)

כיצד אנשים משתמשים בטכנולוגיה חברתית כדי לתַקשר ולשתף פעולה במצבי אסון? באילו דרכים נוכל לשפר את מופעי הטכנולוגיה הזאת כדי לייעל את התקשורת? קייט סטרברד נגעה בשאלות אלו בוועידת GeekWire לשנת 2015, שבה דנה בתחום המתפתח של אינפורמטיקה במצבי משבר – חקר אופני השימוש בטכנולוגיות מידע ותקשורת באירועי אסון.

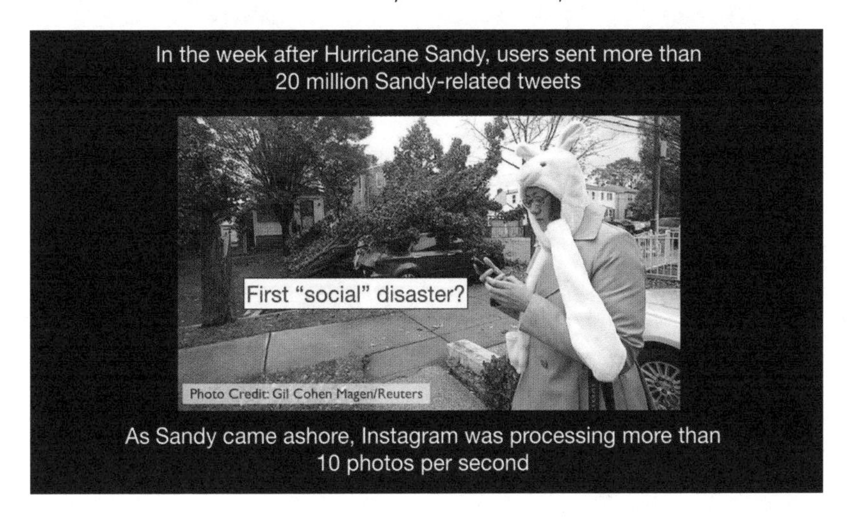

In the week after Hurricane Sandy, users sent more than 20 million Sandy-related tweets
First "social" disaster?
Photo Credit: Gil Cohen Magen/Reuters
As Sandy came ashore, Instagram was processing more than 10 photos per second

תצלום זה הועלה לרשת ונשלח אלי בסוף אוקטובר 2012, מיד עם הגעתה של הוריקן סנדי לחוף המזרחי של ארצות-הברית. האשה הנראית בו מסתכלת בטלפון הסלולרי שלה. אולי היא מסמסת או מעלה ציוץ או תמונת אינסטגרם על המפגש הנראה מאחוריה, מפגש בין עץ ומכונית. סופת ההוריקן גרמה לעומס תנועה ברשתות החברתיות: מיליוני ציוצים, עשרות תמונות אינסטגרם בדקה, ושימוש ער גם בפלטפורמות אחרות שהיו פופולריות באותו זמן. אז יצר איתי קשר הבחור שצילם את התמונה, ואמר, "היי, אני רוצה שנדבר על הוריקן סנדי כאסון החברתי הראשון. תוכלי לעזור לי בזה?" מובן שהסכמתי: הרי אי-אפשר לפתוח בהנחה שהוריקן סנדי היה האסון החברתי הראשון.

אסונות היו מאז ומעולם עניין חברתי. לא היינו מחשיבים אותם כאסונות אלמלא היו משבשים את החיים האנושיים ומפריעים לדינמיקה החברתית הנורמלית. אסונות הם חברתיים באורח מובנה. ומאז פיתוחן של טכנולוגיית הרשתות החברתיות, אנשים עושים בהן שימוש באירועי אסון בדרכים יצירתיות ופנטסטיות, כדי לשתף מידע ולעזור לעצמם ולאחרים.

בחנתי את המפגש הזה של מִחשוב חברתי באירועי משבר. כוונתי לכל אותם כלים ופלטפורמות שמאפשרים לנו לשתף מידע עם חברינו ועם הציבור ככלל – וגם לצורות ההתנהגות האנושית שמתפתחות על בסיס השימוש בהם. אני בוחנת אותם באירועי משבר

טכנולוגיה חברתית

DIY

DEVELOPING A TEMPORARY HOME FOR THE WORLD'S DISPLACED POPULATIONS

Märta Terne, Johan Karlsson and Christian Gustafsson
@ Better Shelter

We have entered a new year that appears to hold in store more political uncertainty of the kind we have experienced in recent years. At present, more than 65 million people are displaced by ongoing conflicts, recurring droughts, and natural disasters, as the world's nations struggle to unite in meeting global political and environmental challenges.

Better Shelter was developed in the hope of improving the living conditions of the numerous families forced to flee their homes due to war or natural disasters, and now living in planned camps.[1] Planned camps are often the last resort for humanitarian organizations, and the majority of the world's displaced persons do not live under such conditions. Although they differ from one another and address various needs in terms of shelter, common collective images of refugee camps likely include long rows of tents separated by dirt roads and piles of garbage in a dusty desert. In some camps, families are forced to live for generations: such is the case in the Palestinian refugee camps in Gaza, the West Bank, and neighboring countries, which were first established as temporary tent cities in 1948. This unresolved situation has challenged the generations of residents who still have refugee status, and has resulted in the transformation of Palestinian refugee camps into the urban areas they are today. These areas are characterized by makeshift stone structures, overcrowding, poor infrastructures, and lack of protection.[2]

Although there are many differences between a temporary shelter and a permanent structure, both types of structures are designed for human habitation. The fundamental difference is whether the residents in these structures have the privilege of living freely in a politically stable state with access to education and jobs, or whether they have been forced to flee their homes and leave behind their life and all of their belongings in order to stay alive.

Our shelters are occupied by various family constellations whose members have fled for different reasons, all carrying personal, unique experiences. Some families occupying our shelters lived as nomads, others lived in 200m2 houses, while yet others lived in far humbler dwellings. We therefore could not

1 These families include 21.3 million refugees (16.1 million refugees under UNHCR mandate, 5.2 million Palestinian refugees registered by UNRWA) and 40.8 million internally displaced persons (IDPs), people displaced within the borders of their own country. UNHCR, *Figures at a glance* [website], 2016, http://www.unhcr.org/figures-at-a-glance.html [accessed Jan 2017]

2 UNRWA, *Palestine Refugees* [website], 2017, https://www.unrwa.org/palestine-refugees [accessed Jan 2017]

design the shelter for a specific demographic group or type of person in one particular country. Nevertheless, we have kept certain collective needs in mind. The definition of home may differ across cultures, countries, and continents, but we believe that they all share some common denominators, regardless of whether the home is permanent or temporary (a factor which in itself could be due either to uncontrollable circumstances or to voluntarily choice).

The shelter, just like a tent or a house, is designed to provide a roof over its inhabitants' heads and offer some level of protection. While meeting these requirements and improving upon our solution, we aim for the shelter to offer privacy and dignity, as well as some possibilities for making it one's own and adapting it to personal preferences. Requirements from the UN Refugee Agency, UNHCR, have guided many of our decisions during the design process. Their expertise has been invaluable for the project, as has been the feedback from end users.

A Self-Contradictory Design Brief

> "Never before has the world been so generous towards the needs of people affected by conflicts and disasters, and never before has generosity been so insufficient."
>
> The High-Level Panel on Humanitarian Financing Report to the UN Secretary-General, January 2016

There are limitations to the international political and economic systems operating today to assist refugees, as well as to the overall treatment of the refugee problem. The shelter has been developed to offer safety and dignity, while meeting the many tough logistical, political, and cost-related requirements surrounding the planning and management of refugee camps. We aim to answer a design brief that is, in many ways, self-contradictory: Create a structure that is durable yet temporary, as refugees tend to live for years or even generations in camps while host governments do not allow for any permanent buildings in these settlements; develop a dignified home away from home that can be assembled in a few hours and disassembled whenever needed; make it as cheap as possible, with the lowest possible weight and shipping volume, but give it hard walls, a lockable door, four windows, a lamp, and a high ceiling, and make it measure 17.5m^2 when erected. Our challenge is to develop a shelter that meets these basic needs, while being constrained by several practical requirements: a temporary structure that is scalable, low-volume, and flat-packed, and which can be set up without tools by people from different cultures who speak various languages. Given these prerequisites, it is difficult to develop a shelter offering a level of comfort equal to the standard offered in a permanent building.

The shelter's design aesthetic is simple for cost-related reasons, and function has been our main focus; the design has to be simple to assemble and ship. We have thus had to reconsider the priority of different needs, and distil them to the extreme basics. This is even reflected in the shelter's assembly procedure, which involves raising and mounting the roof first, before the walls and the floor.

This simplicity goes hand in hand with our aim to remain open to the users' personal needs and, to the extent that this is possible, make the shelter function as a blank canvas for residents to treat as they please, both aesthetically and functionally.

We have seen beautiful interiors decorated by families attempting to make their temporary home nicer and more homey, soon after having moved in. The shelter's inner walls and floor are covered in colorful textiles and rugs to make the space cozier, softer, and often completely unrecognizable. Personal items are hung on the walls, a television is placed in a corner, and certain areas become dedicated to specific tasks or to the storage of particular items. Such behaviors are identical to those we practice in our permanent apartments or houses, yet scaled down to extremely basic needs and limited to a 17.5m^2 space. We believe that decorating one's space enhances one's sense of feeling at home, of ownership and of control. It also indicates that hope has not been lost, and bespeaks a will to continue living a dignified life, keeping intact the inherent value and worth that we are all born with as human beings.

This need to adapt the shelter and allow it to transition over time to fit cultural preferences may seem trivial in the larger scheme of things, but it is in fact anything but trivial. Time and again, we see examples of how greatly engineered shelters are abandoned when they do not fit the cultural context and do not allow flexible adaptation to users' needs. We would like to believe that the simple yet modular design of the Better Shelter bridges the gap between the rational requirements of an industrial, mass-produced solution and the individual needs of the many people who are forced to flee their homes and seek refuge in a temporary camp.

A Shelter with an Innovation Path of its Own

Our humanitarian partners and end users take the design development process several steps further. In addition to aesthetic improvements, functional modifications are continuously made by partner organizations and end users in order to meet their needs.The first batch of serially produced units was sent to Doctors Without Borders (MSF) in the aftermath of the 2015 earthquake in Nepal, where they served as medical clinics rather than temporary homes. Other partners have transformed our shelters into creative hubs, or early childhood development centers, where children are welcome to play and get together, if only briefly, to find some respite after a long journey and to escape painful memories and the uncertainties lying ahead. In Djibouti, refugees from Yemen designed an air-conditioning system made of plastic bottles cut in half, which were installed in the walls of the shelters; an effective, low-tech and low-cost solution that could not have been conceived of at the design team's drawing board.

In another case, Somali families in Ethiopia evaluated prototype versions and decided not to use the plastic floor sheets included with every shelter. Instead, they kept the mud floor, which they wet with water every morning. As the water evaporated, it cooled the air inside the shelter. The floor sheets were sold at the local market.

The average protracted refugee situation lasts for 17 years; most families thus remain in the camp well beyond the three-year period for which the shelter was originally designed. Nevertheless, the shelter is made in such a way that it can be upgraded with local materials, a process we see happening today in several locations. In the Kawergosk camp in Iraq, for instance, users have mounted CGI (Corrugated Galvanized Iron) sheets and bricks onto the shelter's metal frame, thereby creating a more durable, semi-permanent structure.

Our modest temporary homes shelter human beings experiencing both grief and relief – grief over a way of life that has been lost, and relief that their lives have been saved. In the process of creating a shelter and nesting, a home emerges. Beginning as a form of protection in a temporary settlement, it evolves as families extend and upgrade their households, ultimately ending with the possibility of returning home.

See p. 146.

Better Shelter: A Home Away from Home, Since 2010

Better Shelter is a humanitarian innovation project and social enterprise based in Sweden. The project team designs and develops modular temporary shelters for persons displaced by armed conflicts and natural disasters, with the aim of improving their lives by providing them with a safer and more dignified home away from home. The Better Shelter is designed to enable the activities of basic living and offer elementary privacy and security.

Better Shelter began in 2010 as a small-scale project driven by the belief that sustainable design can make a difference to humanitarian relief. Forging partnerships with the UN Refugee Agency (UNHCR) and the IKEA Foundation, Better Shelter began working with designers, engineers, companies, and institutions to create its first prototypes. In 2015, UNHCR signed a frame agreement for 30,000 shelters. Any profit generated from the project is reinvested within the company or distributed to its philanthropic owner, the Housing for All Foundation, established by the IKEA Foundation.

The Better Shelter resembles a very simple house. Its robust steel frame is clad with vertical, semi-hard walls, four windows, a high ceiling, and a door that can be locked. A solar-powered lamp provides light, and includes a USB port for charging electronic devices. The shelter is designed to last for three years, and is suitable for situations where local materials or construction workers are in short supply, with the additional value of preventing deforestation. Today, Better Shelters are being evaluated as temporary accommodations, registration centers, medical aid clinics, and food distribution centers. To date, shelters have been shipped to refugee camps, transit sites, and emergency response programs in Europe, Africa, the Middle East, and Asia. This past year has allowed to evaluate the shelters' performance in different contexts and climates, and has informed the development of improved future models. Working side by side with partners around the world provides the valuable opportunity to monitor quality, to understand partners' shelter requirements, and to both gather and offer feedback on the assembling and use of the shelters. Most importantly, it makes it possible to keep developing the design based on the needs of the beneficiaries – men, women, and children who have been forced to leave everything behind as they fled armed conflicts, persecution, or natural disasters, carrying with them painful memories and feelings of uncertainty about the future. The simple fact of having a home, a right so fundamental that most of us take it for granted, can dramatically improve the physical and psychological situation of these displaced persons, providing them with a renewed sense of peace, identity, and dignity.

Better Shelter in collaboration with the IKEA Foundation and the UN Refugee Agency (UNHCR). Design team: Nicolò Barlera, Christian Gustafsson, Tim de Haas, Dennis Kanter, Johan Karlsson, John Van Leer.

UNHCR
UNHCR

UNHCR

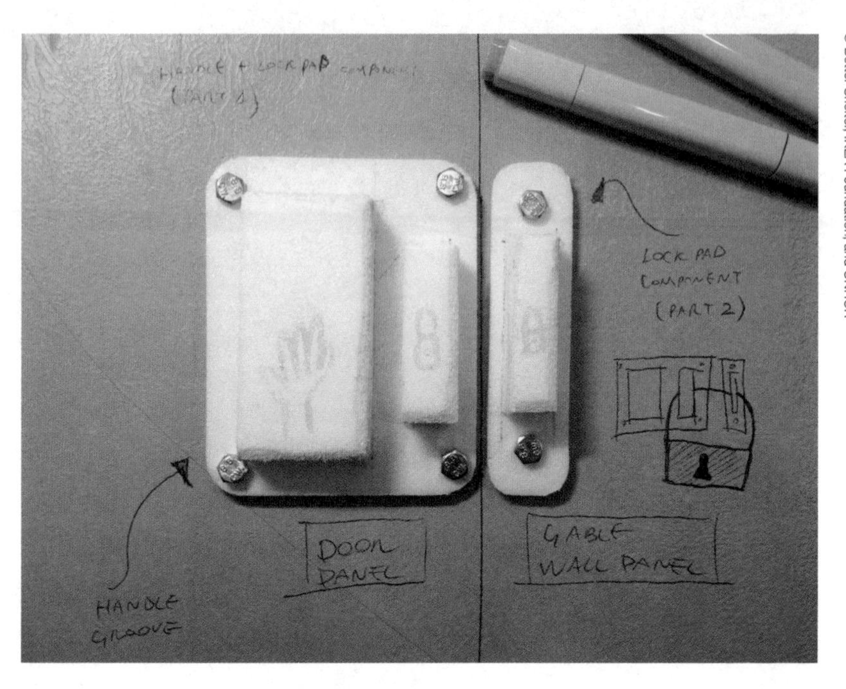
LOCK PAD
COMPONENT
(PART 2)
DOOR
PANEL
GABLE
WALL PANEL
HANDLE
GROOVE

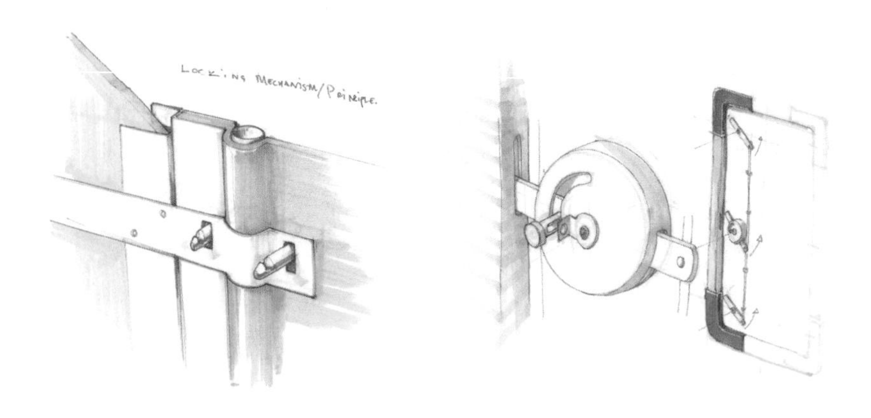
Locking Mechanism/Principle.

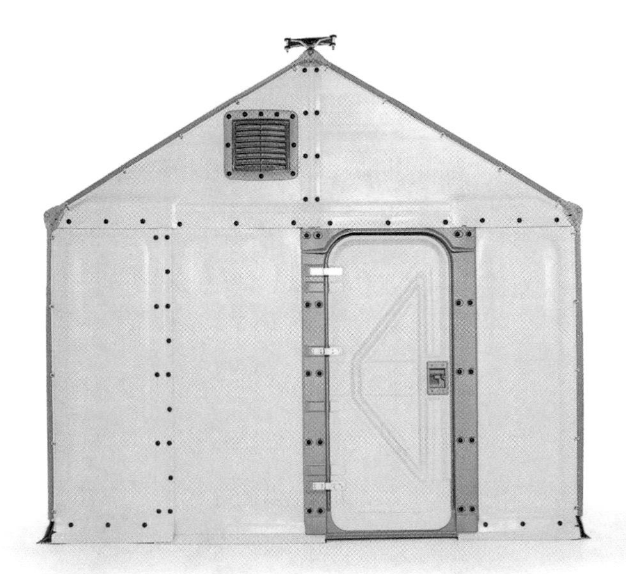

Better Shelter: בית הרחק מהבית, 2010 ואילך

Better Shelter הוא פרויקט הומניטרי חדשני שבסיסו בשוודיה. צוות הפרויקט מעצב ומפתח מחסות מודולריים זמניים לאנשים שנעקרו מבתיהם כתוצאה מסכסוכים מזוינים או אסונות טבע, במטרה לשפר את מצבם בקבלת בית בטוח ומכובד יחסית, הרחק מהבית. המחסה Better Shelter מעוצב כדי לתמוך בצורכי היסוד של החיים והמגורים ולהציע פרטיות וביטחון בסיסיים.

קבוצת Better Shelter נוסדה ב-2010 כפרויקט בקנה-מידה קטן, באמונה שעיצוב בר-קיימא עשוי לתרום לשיפור הפעילות של ארגוני סעד הומניטריים. בשותפות עם נציבות האו"ם לפליטים (UNHCR) ועם קרן איקאה, הופעלו מעצבים, מהנדסים, חברות ומוסדות אחרים לייצור האבטיפוס הראשון. ב-2015 נחתם עם UNHCR הסכם מסגרת ל-30 אלף מחסות. כל רווח שמופק מהפרויקט מושקע בו מחדש באמצעות הבעלים הפילנתרופיים שלו, קרן "דיור לכל" מיסודה של קרן איקאה.

מחסה Better Shelter מעוצב כבית פשוט מאוד. מסגרת הפלדה החסונה שלו מחופה בקירות מוצקים-למחצה עם ארבעה חלונות, תקרה גבוהה ודלת ננעלת. מנורה המוזנת מאנרגיה סולארית מספקת תאורה, ויש בה גם כניסת USB להטענת מכשירים אלקטרוניים. המחסה מעוצב לשלוש שנים ונותן מענה במצבים של מחסור בחומרי בניין או בפועלי בניין מקומיים, עם ערך מוסף של מניעת בירוא יערות. מחסות Better Shelter משמשים מגורים זמניים, מרכזי רישום, מרפאות לעזרה רפואית ומרכזים לחלוקת מזון. מחסות כאלה כבר נשלחו למחנות פליטים, למחנות מעבר ולארגוני חירום וסיוע באירופה, אפריקה, המזרח התיכון ואסיה. בשנה האחרונה בחנו את התפקוד של המחסות בהקשרים ובאקלימים שונים, והמסקנות משליכות כמובן על הפיתוח העתידי של דגמים משופרים.

העבודה לצד שותפים ברחבי העולם איפשרה לנטר את איכות המחסות, להבין את צורכי השותפים, לקבל ולתת היזון חוזר בנוגע לשימוש במחסות ולהרכבתם. בראש ובראשונה היא איפשרה את המשך פיתוחו של העיצוב בהתבסס על הצרכים של דיירי המחסות – גברים, נשים וילדים שנאלצו לעזוב הכל מאחור כאשר נמלטו מסכסוכים מזוינים, מרדיפות או מאסונות טבע, בנושאם איתם זכרונות כואבים וחוסר ודאות בנוגע לעתיד. הבעלות הפשוטה על בית – זכות בסיסית כל כך שרובנו רואים בה דבר מובן מאליו – עשויה לשפר באורח דרמטי את המצב הפיזי והפסיכולוגי של אותם עקורים ולהעניק להם הזדמנות מחודשת לשלווה, זהות וכבוד.

Better Shelter, פרויקט בשיתוף עם קרן איקאה ונציבות האו"ם לפליטים (UNHCR). צוות: ניקולו ברלרה, כריסטיאן גוסטפסון, טים דה־האס, ג'ון ון־ליר, דניס קנטר, יוהאן קרלסון.

Ezri Tarazi: A Medium-Term Hybrid Shelter for the Rehabilitation of Disaster Refugees, Since 2005

The Hybrid Shelter project was initiated in 2005, in the early stages of my collaboration with the Keter Group's d-Vision program. I was deeply impressed by the company's ability to produce cheap, lightweight structures that can be assembled by users. Based in Israel, the Keter Group exports these structures as garden sheds to the American and European markets. During that period, I was studying the provision of aid to refugees in disaster-stricken areas, and was interested in how this technology could be applied in the humanitarian field.

Following a natural disaster, terrorist attack, or war, entire populations may lose their homes. Hundreds of thousands, and sometimes even millions of people, lack the necessity that is vital for survival: a shelter or roof over their heads. Humanitarian organizations supply disaster zones with large tents designed to house refugees in a relatively secure area, thus creating tent cities. Tents offer a good temporary solution for a short period of time, yet many refugees are constrained to dwell in tents for long periods. Currently, there exists no inexpensive, high-quality solution to replace tents in the absence of actual houses. My research pointed to the acute need for a high-quality, medium-term shelter which, unlike a tent, would also provide thermal insulation against heat and cold.

The Hybrid Shelter is a solution based on producing simple, injection-molded parts using a proven technology of polypropylene recycling. Its parts are designed to be easily and simply assembled with no prior technical knowledge, and enable the structure to be coated in mud. The assembly of the plastic parts is very simple and requires no special skill, much like that of the prefabricated garden sheds. The structure has a high-quality roof that filters in natural light, windows that can be opened and closed, and a lockable door. The assembly of the plastic structure takes approximately half a day. Several people working together for four or five days can completely coat the walls in mud. Once coated, the thickness of the wall may reach a total of about 10 cm, providing good thermal and acoustic insulation.

The plastic and mud walls can be repaired and redone at any time with minimal supplies, and the structure can be expanded by adding low outdoor walls and cooking areas. Above all, the structure provides a sense of security and domesticity that is lacking in a tent, and costs no more than double the cost of a tent with the same measurements. Since the structure is modular, its parts can be used to build basic structures on an area covering up to 20m^2, which can then be further expanded to accommodate the needs of a health clinic or other public spaces. The basic structure is designed to accommodate a nuclear family with five or six members.

Concept 1 (2010) was installed at the Vitra design workshop village, Domaine de Boisbuchet, France; Keter Group: Sami Sagol (chairman), Sender Tal (president), Efi Haimoff (R&D center manager), Haggai Paz and Amit Katz (design and development); d-Vision program: Ezri Tarazi (director), Tzipi Kunda (manager), Hila Rogozik (coordinator), David Keller, Liron Tzanhany, Jonathan Meshorer and Guy Ceder (interns) / Concept 2 (2017): Ezri Tarazi (development and design) with Groove Design Studio: Alon Leibovitz and Sharon Shmila (development, design, rendering, and construction); Faculty of Architecture, Technion – Israel Institute of Technology, TCOM laboratory, directed by Assistant Professor Yasha Grobman (CNC milling, model printing), with the assistance of Yonatan Ben-Haim (model printing); carpentry: VNG Country Kitchens; mud construction: Tal Nachshon.

Ezri Tarazi is a Full Professor and Chair of the Graduate School for Design at the Technion – Israel Institute of Technology. He is the former Chair of the Masters Program in Industrial Design (M.Des) at the Bezalel Academy of Arts and Design, Jerusalem (1996–2004). He was a researcher at the Bezalel R&D Company (1990–1996). In 1996, he founded the Tarazi Design Studio, and was also a co-founder of the Israeli office of IDEO, and the founder of the d-Vision program at the international Keter Group. He has been involved in a variety of startup ventures in the fields of renewable energy, medical equipment, and innovative design products. He is the recipient of the Red Dot, Design Boom, and ID Magazine awards, and the author of *7D Fostering Goods* (2013). His works have been exhibited in numerous venues worldwide, among them The Museum of Modern Art, New York; the Cooper Hewitt National Design Museum, New York; and the Milan Triennale.

קונספט 1 (2010): נבנה והוקם בכפר סדנאות העיצוב של חברה ויטרה, דומיין דה־בואבושה, דרום צרפת; קבוצת כתר־פלסטיק: סמי סגול (יו"ר), סנדר טל (נשיא), אפי חיימוף (מנהל מחלקת פיתוח), חגי פז ועמית כץ (עיצוב ופיתוח); תוכנית d-Vision: עזרי טרזי (ראש), ציפי קונדה (מנכ"לית), הילה רוגוזיק (רכזת), דוד קלר, לירון צנחני, יונתן משורר וגיא צדר (מתמחים) / קונספט 2 (2017): עזרי טרזי (פיתוח ועיצוב) עם סטודיו גרוב דזיין: אלון ליבוביץ' ושרון שמילה (פיתוח, עיצוב, הדמיה ובנייה); הפקולטה לארכיטקטורה ותכנון ערים בטכניון, מעבדת TCOM בניהולו של פרופ' יאשה גרובמן (כרסום דגם והדפסת גבס) ובעזרת יונתן בן־חיים (הדפסת דגם וכרסום); נגרות: ונגה מטבחים כפריים; בניית בוץ: טל נחשון.

עזרי טרזי הוא פרופסור בטכניון, שם הוא משמש ראש התוכנית ללימודים מתקדמים בעיצוב תעשייתי. בשנים 1990–1996 עבד כחוקר במעבדות המחקר והפיתוח של אקדמיה בצלאל בירושלים, ועד 2004 כיהן כראש התוכנית לתואר שני בעיצוב תעשייתי של בצלאל. בנוסף להקמת סטודיו טרזי ב־1996, היה בין מקימי הסניף הישראלי של IDEO, יסד את תוכנית d-Vision של קבוצת כתר, והיה מעורב במגוון מיזמי הזנק בתחומים של אנרגיה מתחדשת, ציוד רפואי ומוצרי עיצוב מתקדמים. טרזי הוא זוכה פרסי עיצוב רבים, ביניהם Design Boom, Red Dot ו־ID Magazine, ומחבר הספר *7D Fostering Goods* (2013). עבודותיו הוצגו במסגרות תצוגה ובמוזיאונים רבים ברחבי העולם, ביניהם המוזיאון לאמנות מודרנית, ניו־יורק; מוזיאון קופר־יוניון לעיצוב, ניו־יורק; והטריינאלה של מילאנו.

עזרי טרזי: מחסה היברידי זמני לשיקום פליטי אסון, 2005 ואילך

פרויקט המחסה ההיברידי החל את צעדיו הראשונים ב-2005, בראשית שיתוף הפעולה שלי עם תוכנית d-Vision של חברת כתר-פלסטיק. התרשמתי עמוקות מיכולות החברה בייצור מבנים קלים וזולים הניתנים להרכבה עצמית. בחברת כתר, מבנים אלה משמשים כמחסני גינה ומשֻווקים לשוק האמריקאי והאירופי. באותה תקופה חקרתי סוגיות של סיוע לפליטים באזורי אסון, וביקשתי לבחון את יישום הטכנולוגיה הזאת בתחום הנדון.

בעקבות אסון טבע, מעשה איבה או מלחמה, קורה שאוכלוסיות שלמות מאבדות את בתיהן. מאות-אלפים ולעתים גם מליוני אנשים ומשפחות חסרים את אחד הצרכים החיוניים להישרדות: קורת גג או מחסה. ארגוני הסעד מזרימים לאזורי אסון אוהלים גדולים, המיועדים לקלוט פליטים באופן בטוח יחסית, וכך נוצרות ערי אוהלים.

האוהל הוא פתרון טוב כמחסה זמני לתקופה קצרה בלבד, אך פליטים רבים נאלצים לדור באוהלים במשך תקופות ארוכות. בין האוהל לבין פתרון-קבע בדמות בית בנוי אין כיום פתרון איכותי וזול. המחקר הצביע לכן על הצורך להעמיד מחסה איכותי לתקופת ביניים ממושכת יחסית. האוהלים הם פתרון בעייתי, בין השאר מפני שאינם מקנים בידוד תרמי מחום ומקור.

המחסה ההיברידי הוא פתרון המשלב חלקים פשוטים בהזרקת פלסטיק (פוליפרופילן ממוחזר), הנשלחים מפורקים לאזור האסון באריזה סגורה. חלקיו מעוצבים להרכבה פשוטה וקלה בלי ידע טכני מוקדם, ומאפשרים את ציפוי המבנה בבוץ באזור ההקמה. שיטת ההרכבה של חלקי הפלסטיק פשוטה מאוד ואינה דורשת מיומנות, בנוסח ההרכבה עצמית של מחסני גינה. למבנה יש גג איכותי המחדיר פנימה אור טבעי, חלונות הניתנים לפתיחה וסגירה, ודלת ננעלת. הרְכבת המבנה הפלסטי אורכת כחצי יום, ותוך ארבעה עד חמישה ימי עבודה אפשר להשלים את ציפוי הקירות בבוץ. לאחר הציפוי עשוי הקיר להגיע לעובי כולל של עשרה סנטימטרים, המספקים בידוד תרמי ואקוסטי טוב.

את קירות הבית ההיברידי אפשר לתקן ולשפץ בכל עת באמצעים זמינים, ואפשר גם להרחיבו תוך הוספת גדרות נמוכות וצירוף אזורי בישול באִלתּוּר של שוכני הבית. אך מעל לכל, המבנה מעניק תחושת ביטחון וביתיות שאינה קיימת באוהל, ועלותו רק כפולה מזו של אוהל באותו גודל. מאחר שהמבנה מודולרי, אפשר להקים ממרכיביו מבני-בסיס בשטח של עד 20 מ״ר, ואז להרחיבם לצרכים של מרפאות או מבני ציבור אחרים. מבנה הבסיס אמור להתאים למשפחה גרעינית של חמש עד שש נפשות.

Toyo Ito, Kumiko Inui, Sou Fujimoto, and Akihisa Hirata: Home-for-All in Rikuzentakata, 2011–12

Home-for-All was born following the Great East Japan earthquake and tsunami of 2011. The Home-for-All project was initiated by five architects, including Toyo Ito, Kazuyo Sejima, and Riken Yamamoto. The team members wondered what they could do, both as architects and as individuals who identified with the pain of those living in temporary housing. To this end, they established three principles for the construction of modest ephemeral structures – places where people who had lost their homes could gather to keep warm, drink, eat, talk, and relax. Home-for-All was designed to answer these requirements: 1. A place to be created and built by all; 2. A place that would contribute to restoring connections among people; 3. A place that would nurture the life energy of those gathering there.

Later on, in response to a call initiated by Toyo Ito, three young architects – Kumiko Inui, Sou Fujimoto, and Akihisa Hirata – joined hands in planning an on-site Home-for-All in Rikuzentakata, a city located in the Iwate Prefecture. This Home-for-All responded to the wish expressed by local residents, who requested an observation platform from which they could watch the reconstruction of the city. The team decided to use local wood from Kesen Ceder trees, which had died due to their exposure to salt water, in the hope that this Home-for-All would become a symbol of recovery from the disaster.

The design process and the discussions among the architects were exhibited at the 13th Architecture Biennale in Venice, together with photos by Naoya Hatakeyama that captured the destruction in Rikuzentakata. That year, the Japanese Pavilion received the Biennale's Golden Lion Award.

A more advanced Home-for-All was erected in October 2011 in a temporary housing zone near Sendai, in the Miyagi Prefecture. The design and construction process evolved over the course of the following year, and Home-for-All in Rikuzentakata was completed in November 2012. Since then, 15 Homes-for-All were completed in disaster-stricken areas devastated by the tsunami, and an additional structure is currently under construction. These structures were all built in temporary housing sites and near shopping areas and fishing ports hit by the disaster. They have become quite varied in character, and form gathering places for those residing in temporary housing – places intended to restore communities, enable children to play, and revive the farming and fishing industries.

As time passes and the restoration process advances, resulting in the integration or dismantling of temporary housing sites, some of the Homes-for-All are disassembled. The Home-for-All in Rikuzentakata has already been dismantled, and its components are being stored for reassembly in two years' time.

In August 2014, NPO-Home-for-All was established to support and promote collaboration between the various projects. Toyo Ito and the other members of this nonprofit organization believe that Home-for-All is a meaningful public space that provides people with psychological comfort, and helps to establish human relationships by reviving the most archaic form of a public facility. Home-for-All thus has the potential to transform the predicament of modern individuals by engaging them in a collaboration involving users, architects, and builders.

Structural engineer: Jun Sato Structural Engineers Ltd.
Contractor: Shelter Ltd.
Special thanks to: Naoya Hatakeyama; Yohei Hatakeyama (video); Shugo Kanno and Mitsuo Kikuchi (Rikuzentakata residents); Mitsuaki Yoshida, Mikiko Sugawara, Hidetoshi Nakata, and many others.
Sponsors: ARAKAWA & Co.,Yoko Ando Design (textile), Iwaoka (tatami mats), Capitalpaint, KSC (ceiling fan), Sanriku Engineered Wood, Daiko Electric Co. Ltd., TAJIMA ROOFING Inc., Chiyoda Ute Ltd., Tohkoh, Nikkensogyo Ltd., Nisshin Sangyo Ltd., Japan EnviroChemicals Ltd., Japan Fireplace Meister Group, NIPPON PAINT Ltd., Hafele Japan KK, MAG-ISOVER KK, LIXIL Co.

Toyo Ito, born 1941, graduated from the Department of Architecture at Tokyo University in 1965. He established his own firm, Urban Robot (URBOT), in 1971 (today Toyo Ito & Associates, Architects); **Kumiko Inui,** born 1969, graduated from the Department of Architecture at Tokyo University of the Arts in 1992, and completed the master's program at Yale School of Architecture in 1996. She established the Office of Kumiko Inui in 2000. Since 2011, she is Associate Professor at Tokyo University of the Arts; **Sou Fujimoto,** born 1971, graduated from the Department of Architecture at Tokyo University and established Sou Fujimoto Architects in 2000; **Akihisa Hirata,** born 1971, graduated from the Department of Architecture at Kyoto University in 1994. In 1997, he received a master's degree from Kyoto University Graduate School of Engineering. In 2005, he established akihisa hirata architecture office. Since 2015, he is Associate Professor at Kyoto University.

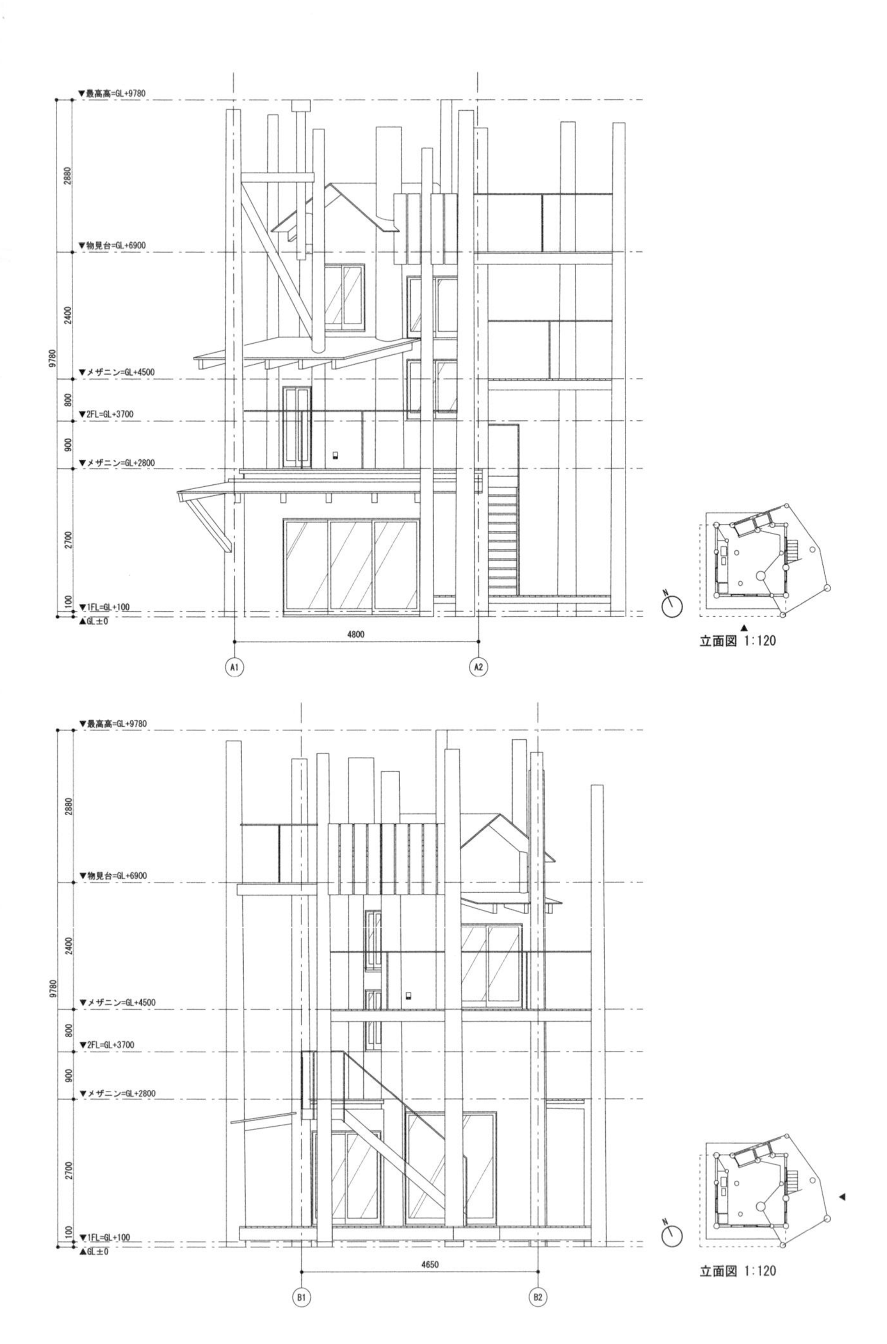

立面図 1:120

立面図 1:120

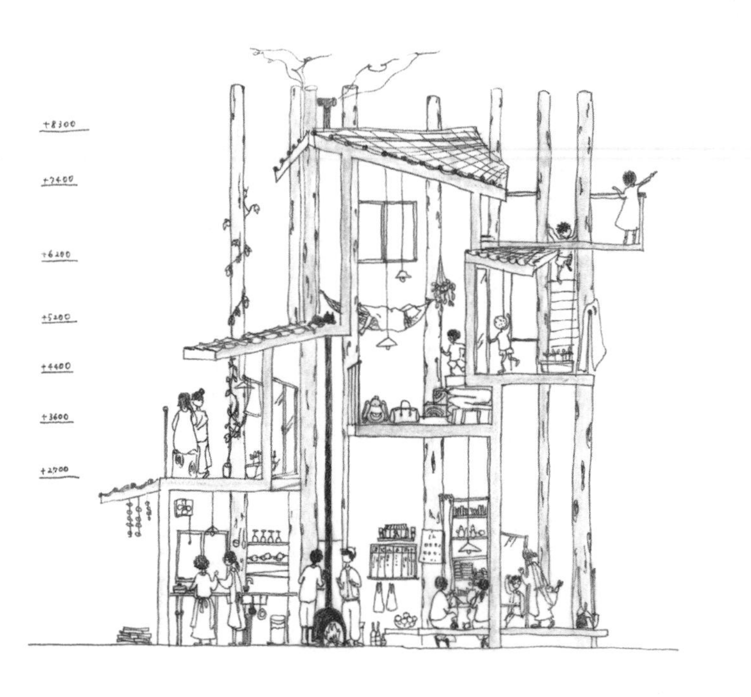

מהנדס קונסטרוקציה: ג'ון סאטו בע"מ
קבלן: Shelter בע"מ
תודות: נאויה ויוהאי האטקיאמה (וידיאו), שוגו קאנו ומיטסו קיקוצ'י (תושבי ריקוזנטקאטה), מיצואקי יושידה, מיקיקו סודווארה, הידטושי נקאטה ורבים אחרים.
בסיוע: ארקאווה ושות', יוקו אנדו עיצוב (טקסטיל), איוואאוקה (טטמי), KSC ,Capitalpaint (מאוורר תקרה), סנריקו הנדסת עץ, דאיקו חשמל בע"מ, טאג'ימה גגות, צ'יודה אוטה בע"מ, טוהקו, ניקנסוגיו בע"מ, נישים סנגיו בע"מ, EnviroChemicals יפן בע"מ, קבוצת Fireplace Meister יפן, צבעי ניפון בע"מ, מאג־איסובר יפן, ליקסיל ושות'.

טויו איטו, נולד ב-1941, בוגר המחלקה לאדריכלות באוניברסיטת טוקיו, 1965. הקים את משרד האדריכלים Urban Robot (כיום טויו איטו ושות') ב-1971; **קומיקו אינואי**, נולדה ב-1969, בוגרת המחלקה לאדריכלות באוניברסיטת טוקיו לאמנויות, 1992, ובעלת תואר שני מבית הספר לאדריכלות של אוניברסיטת ייל, 1996. הקימה את משרד קומיקו אינואי ב-2000, ומאז 2011 מרצה באוניברסיטת טוקיו לאמנויות; **סו פוג'ימוטו**, נולד ב-1971, בוגר המחלקה לאדריכלות באוניברסיטת טוקיו, הקים את סו פוג'ימוטו אדריכלים ב-2000; **אקיהיסה היראטה**, נולד ב-1971, בוגר המחלקה לאדריכלות באוניברסיטת קיוטו, 1994, ובעל תואר שני מבית הספר להנדסה באוניברסיטת קיוטו. ב-2005 הקים את אקיהיסה היראטה אדריכלים, ומאז 2015 מרצה באוניברסיטת קיוטו.

טויו איטו, קומיקו אינואי, סו פוג'ימוטו ואקיהיסה היראטה: בית-לכל בריקוזנטקאטה, 2011–12

בית-לכל הוא פרויקט שנולד כתגובה לרעידת האדמה הקשה והצונאמי שהיכו במזרח יפן ב-2011. ראשיתו בהתאגדות של חמישה אדריכלים, ביניהם טויו איטו, קאזויו סג'ימה (Sejima) וריקן יאמאמוטו (Yamamoto), ששאלו את עצמם מה בכוחם לעשות, כאדריכלים וכיחידים שרוצים להשתתף בכאבם של העקורים המתגוררים בבתים זמניים. שלושה עקרונות אומצו במחשבה על תכנון של מבנים ארעיים צנועים – מקומות של מרגוע, שבהם יוכלו אנשים שאיבדו את בתיהם להתאסף, להתחמם, לשתות ולאכול משהו, לשוחח. בית-לכל אמור לענות על דרישות אלו: 1. מבנה שייווצר וייבנה על-ידי כולם, ביחד; 2. מקום התורם לשיקומם של קשרי החברות בין האנשים; 3. מקום של שמחה שיזין את אנרגיית החיים של הנאספים בו.

בהמשך הדרך, בתגובה לקול קורא של טויו איטו, הצטרפו אליו שלושה אדריכלים צעירים – קומיקו אינואי, סו פוג'ימוטו ואקיהיסה היראטה – כדי לתכנן בית-לכל בעיירה ריקוזנטקאטה שבמחוז איוואטה. בית-לכל זה עוצב כדי לענות על בקשת התושבים לנקודת תצפית שממנה יוכלו לחזות מרחוק בבינוי המחודש של עירם. האדריכלים השתמשו לשם כך בעצי ארז מקומיים, שמתו כתוצאה מהחשיפה למי מלח, בתקווה שבית-לכל זה ייעשה סמל להחלמה מן האסון.

תהליכי העיצוב והשיחות בין האדריכלים הוצגו בביינאלה ה-13 לאדריכלות בוונציה, לצד תצלומים של נאוטה האטקיאמה (Hatakeyama), המציגים את העיירה החֲרֵבה ריקוזנטקאטה. הביתן היפני זכה באותה שנה בפרס אריה הזהב של הביינאלה.

בית-לכל מתקדם יותר הוקם באוקטובר 2011 במתחם מגורים זמני ליד סנדאי שבמחוז מיאגי. העיצוב וההקמה נמשכו שנה נוספת, והקמתו של בית-לכל בריקוזנטקאטה נשלמה ב-2012. מאז הוקמו 15 "בתים לכל" נוספים באזורי אסון שנפגעו מן הצונאמי, ואחד נוסף מצוי עדיין בתהליך הקמה. כולם נבנו במתחמים של דיור זמני וליד מרכזי מסחר ונמלי דייגים שנפגעו באסון. כל אחד מהם שונה באופיו, ויש ביניהם מקומות התכנסות לדיירים הזמניים, חללים לפעילות קהילתית, משחקיות לילדים, חללי מלאכה ומסחר לעזרת החוואים והדייגים המקומיים.

ככל שעובר זמן מאז האסון ונוכח ההתקדמות של פעולות השיקום, כמה מן הבתים מפורקים או מועברים ממקומם לטובת פתרונות אחרים. הבית-לכל של ריקוזנטקאטה כבר פורק, ורכיביו אוחסנו בהמתנה להרכבתם מחדש בעוד שנתיים.

באוגוסט 2014 הוקמה אגודת NPO לקידום שיתוף פעולה בין הפרויקטים השונים. חברי האגודה, וטויו איטו ביניהם, מאמינים שבית-לכל הוא דוגמא למקום התכנסות ציבורי משמעותי, שמעניק לאנשים תמיכה פסיכולוגית ומסייע בכינון יחסי אנוש תוך החייאה של תחושת הקהילה הארכאית. בכוחו של בית-לכל לחולל תמורה ביחיד ולחלצו מההגדרה המצמצמת של האינדיווידואל בעידן המודרני, בעצם ההתגייסות לבניית בית המוקם על-ידי משתמשיו, בשיתוף פעולה בין אדריכלים ובנאים העובדים יחד.

Conscious Impact Nepal, 2015

On April 25, 2015, a 7.8-magnitude earthquake struck Nepal, destroying hundreds of thousands of homes and killing more than 9,000 people. With little access to government support or outside aid, Nepalese families were left to rebuild on their own. Members of the international NGO Conscious Impact Nepal spent the next few weeks delivering relief materials to rural communities.

After much research, the trio discovered Auroville Earth Institute (an organization founded by the Government of India) and their Compressed Stabilized Earth Blocks (CSEBs). During a CSEB and Rammed Earth training organized in Kathmandu, Conscious Impact members met Dheeraj Mishra from the small village of Takure, in the district of Sindhupalchok. The damage in Takure was immense, with all but one of the village's 245 homes destroyed. Conscious Impact volunteers arrived in Takure with a brick press, and set out to aid a small group of young local men who took matters into their own hands and began making bricks to rebuild their primary school. Now, more than a year later, this team ("The Brickmakers of Nepal") has made more than 50,000 Compressed Stabilized Earth Blocks (CSEBs) to help rebuild schools, community centers, orphanages, and homes in their community.

The CSEBs are composed mostly of soil harvested in the community and sand from the nearby river (70% earth, 22% sand, and 8% cement), making them local, sustainable and environmentally conscious. Conscious Impact continues to support the production of these bricks. The team now produces more than 500 bricks per day to be used for rebuilding in Takure. To learn more about the project or to get involved, visit www.consciousimpact.org.

Conscious Impact Nepal is a group whose members come from all nations and backgrounds, working together from the ground up to explore healthy and practical alternative solutions to challenges faced by rural communities, starting in Nepal. The group's mission is to inspire, mobilize and train volunteers to serve others with compassion, by creating cross-cultural collaborations driven by local leadership from within the community. Founding members: Allen Gulla, Orion Haas, Juliette Maas.

© Jonathan H. Lee

אימפקט-נפאל, 2015

ב-25 באפריל 2015 היכה בנפאל רעש אדמה בעוצמה 7.8 בסולם ריכטר, הרס עשרות-אלפי בתים והרג יותר מ-9,000 בני אדם. משפחות נפאליות בקהילות אלו, עם גישה מצומצמת לסעד ממשלתי או לסיוע אחר, נעזבו לנפשן כדי לקומם בעצמן את בתיהן. חברי הארגון הלא-ממשלתי אימפקט-נפאל העבירו את השבועות הבאים בסיוע לקהילות כפריות.

לאחר שסקרו את הסביבה מצאו חברי הארגון את מכון אורוביל (Auroville Earth Institute) ההודי, שפיתח לבני אדמה כבושות ומיוצבות (CSEB). במהלך סדנה לייצור לבני CSEB ואדמה נגוחה שאורגנה בקטמנדו, פגשו החברים את דהיראג' מישרה (Mishra) מהכפר הקטן טאקורה שבמחוז סינדהופלצ'וק. הנזק בטאקורה היה עצום: כל 245 בתי הכפר, מלבד אחד, נהרסו. מתנדבי אימפקט-נפאל הגיעו לטאקורה מצוידים במכבש לבֵנים, וסייעו לקבוצה קטנה של צעירים מקומיים, שהחליטו לקחת את העניינים לידיים. יחד החלו לייצר לבֵנים כדי לבנות מחדש את בית הספר המקומי. כעת, כעבור יותר משנה, ייצר הצוות יותר מ-50 אלף לבני CSEB להקמת בתי ספר, מרכזים קהילתיים, בתי יתומים ובתים בכפר.

לבני CSEB מורכבות בעיקר מאדמה שנכרית בסביבה וחול מהנהר הסמוך (70% אדמה, 22% חול, ו-8% מלט), מה שהופך אותן למקומיות, בנות-קיימא וידידותיות לסביבה. אימפקט-נפאל ממשיכים לתמוך בייצור הלבֵנים האלו. הצוות מייצר כיום יותר מ-500 לבֵנים ביום, והן משמשות לבינוי המחודש של טאקורה. למידע נוסף על הפרויקט ראו: www.consciousimpact.org.

אימפקט־נפאל היא קבוצה של חברים מכל האומות ושכבות האוכלוסיה, שעובדים יחד מלמטה למעלה תוך התחקות אחר פתרונות חלופיים, בריאים ומעשיים, לאתגרים המוצבים בפני קהילות כפריות, תחילה בנפאל. משימת הקבוצה היא לעורר השראה, לגייס ולהכשיר מתנדבים לשירות אחרים, תוך יצירת שיתופי פעולה בין־תרבותיים המונעים על־ידי מנהיגות מקומית מתוך הקהילה. מייסדים שותפים: אלן גולה, אוריון האס, ג'ולייט מאס.

Michael Reynolds: *The Earthship*, 1980

Documentary video, 25:44 minutes

Pioneered by the American architect Michael Reynolds over 35 years ago, the Earthship is based on the principle of Biotecture – a combination of biology and architecture. This self-sufficient eco-house is made of both natural and up-cycled materials mixed with dirt. The structure has no electrical lines or sewer pipes, and makes maximum use of wind for cross-ventilation, rainwater for drinking and sewage, and thermal-mass construction for temperature regulation.

The design of the Earthship is intentionally simple, so that people with little knowledge of construction can build their own houses. These values make the Earthship concept a powerful tool in post-disaster rehabilitation, providing the affected areas with long-term methods of self-recovery.

Michael E. Reynolds received his Bachelor of Architecture from the University of Cincinnati in 1969. Since then, his life-long mission has been to design and build homes that will ultimately reverse the negative impact of human development and support a sustainable life. In 1994, Reynolds founded the Greater World Earthship Community in Taos, New Mexico. He has appeared on TV shows and in films, and led a legal battle against state authorities in order to spread this knowledge globally.

EPDM Wrapped Insulation
Rebar In place for Can Wall Bond Beam Form

Can Wall Bond Beam Form
Concrete Tire Substitute

Can Wall Bond Beam Form

Braced Vault
Anchor Bolts in Place

Plastering Vault

מייקל ריינולדס: *ספינת האדמה*, 1980

וידיאו תיעודי, 25:44 דקות

"ספינת האדמה", שפותחה על-ידי האדריכל האמריקאי החלוצי מייקל ריינולדס לפני כ-35 שנה, מבוססת על עקרון הביוטקטורה – שילוב של ביולוגיה וארכיטקטורה. בית אקולוגי אוטרקי זה בנוי מחומרים טבעיים וממוחזרים המעורבבים בעפר. אין במבנה לא כבלי חשמל ולא צינורות אינסטלציה, והוא עושה שימוש מיטבי ברוח לאיוורור, במי גשמים לשתייה ולניקוז, ובמאסה תרמית לבידוד מחום ומקור.

העיצוב של "ספינת האדמה" פשוט בכוונה תחילה, כדי שאנשים בעלי ידע מועט בבנייה יוכלו לבנות את בתיהם בעצמם. ערכים אלה הופכים את הרעיון שבבסיס "ספינת האדמה", כשיטת בנייה לטווח ארוך, לכלי רב-עוצמה של שיקום עצמי מאירועי אסון.

מייקל ריינולדס השלים לימודי אדריכלות באוניברסיטת סינסינטי ב-1969, ומאז שם לו למטרה לתכנן ולבנות בתים שיסיגו לאחור את ההשפעה השלילית של הפיתוח הסביבתי ויתמכו בחיים בני־קיימא. ב-1994 יסד ריינולדס את "קהילת ספינת האדמה" בטאוס, ניו־מקסיקו. הוא הופיע בתוכניות טלוויזיה ובסרטים רבים, ומוביל מאבק משפטי נגד הרשויות להפצת תורתו ברחבי העולם.

Oliver Hodge: from *Garbage Warrior*, 2007

Excerpt from digital video, 14:38 minutes

Garbage Warrior is a feature-length documentary about the renegade American architect Michael Reynolds and his fight to introduce radically different ways of living. This excerpt from the film focuses on his construction of houses in the post-tsunami Andaman Islands.

In 2007, in the immediate aftermath of the massive earthquake that struck the coasts of India, an eight-person crew lead by Reynolds embarked on a five-day journey from New Mexico to the Little Andaman Island in the Bay of Bengal. Infrastructures on the island were shattered, wells were polluted with sea water, and thousands were living without shelter. In the three weeks left before the monsoon, Reynolds and his crew showed the survivors how to use the rubble and trash left in the wake of the tsunami to build sustainable shelters that would be resistant to future tsunamis and earthquakes.

Using locally sourced tires, plastic and glass bottles, and aluminum cans, Reynolds and his crew built a prototype room with a water-harvesting roof and a cistern below, evolved their sewage system for the tropical climate, and provided power by means of solar panels. In Reynolds' own words, the result was "a very sculptural and beautiful building method with little or no outside utility needs."

Oliver Hodge is an American producer and director who founded Open Eye Media UK in 2003. He is the recipient of the Grand Jury Prize of Eko Film (2009), the Spirit of Activism Award at the Wild and Scenic Film Festival of Nevada (2009), and many other awards. His concern for the environment was triggered during his years as a product designer at Central St. Martin's School of Art in London. In May 2003, he met Michael Reynolds, and was inspired by his apocalyptic view of the future and his sense of urgency.

אוליבר הודג': מתוך *לוחם האשפתות*, 2007

קטע מתוך וידיאו דיגיטלי, 14:38 דקות

לוחם האשפתות הוא סרט תיעודי באורך מלא על האדריכל האמריקאי יוצא הדופן מייקל ריינולדס ומאבקו להנהיג אופני חיים ומגורים שונים מן המקובל. הקטע המוצג כאן מתמקד במפעלו להקמת בתים באיי אנדמן, לאחר אסון הצונאמי שפגע באזור.

ב-2007, מיד לאחר רעש אדמה חזק שהרעיד את חופי הודו, יצא צוות של שמונה אנשים בראשות ריינולדס למסע מניו-מקסיקו אל הקטן שבאיי אנדמן במפרץ בנגל. התשתיות באי נחרבו כליל, בארות זוהמו במי ים ואלפי בני אדם נותרו חסרי בית. בשלושת השבועות שנותרו עד לגשמי המונסון, הראו ריינולדס וצוותו לניצולים כיצד להשתמש בהריסות ובאשפה שהותיר אחריו הצונאמי לבניית מחסות בני-קיימא, שיהיו חסינים בפני רעשי אדמה ואירועי צונאמי עתידיים.

תוך שימוש בחומרי סביבה זמינים כמו צמיגים, בקבוקי פלסטיק וזכוכית ופחיות אלומיניום, בנו ריינולדס וצוותו אבטיפוס של חדר עם גג מנקז ומיכל לאגירת מי גשמים, התאימו את מערכת הניקוז לאקלים הטרופי, וסיפקו אנרגיה חשמלית באמצעות לוחות סולאריים. במילותיו של ריינולדס עצמו, התוצאה היתה "שיטת בנייה פיסולית יפהפיה, שכמעט ואינה נדרשת לשירותים חיצוניים".

אוליבר הודג' הוא במאי ומפיק אמריקאי שיסד את Open Eye Media UK ב-2003. זכה בפרס חבר השופטים של אקו־פילם (2009), בפרס "רוח האקטיביזם" של פסטיבל נוואדה לסרטי טבע (2009) ובפרסים רבים נוספים. העניין שלו בבעיות הסביבה התעורר לראשונה בשנותיו כמעצב תעשייתי בבית ספר סנט־מרטינס בלונדון. ב-2003 פגש את האדריכל מייקל ריינולדס, שהשפיע עליו עמוקות בגישתו האפוקליפטית ותחושת הדחיפות המורגשת במפעלו.

Paul America: from *Haiti Mission Part 2*, 2011

Excerpt from digital video, 22:14 minutes

The 2010 Haiti earthquake was a catastrophic magnitude-7 earthquake that affected an estimated three million people, with death-toll estimates ranging from 100,000 to about 160,000. The earthquake caused major damage in Port-au-Prince, Jacmel, and other cities in the region.

In 2011, Michel Reynolds and his crew responded to the disaster and traveled to Haiti to teach local people how to build their own sustainable shelters using the building techniques pioneered by Reynolds. The Haiti Earthship Project centered on the construction of permanent homes that provide their inhabitants with clean water and sanitary sewage.

Each Earthship for Haiti houses 32 people in eight groups of four people each, with eight flush toilets. Food is prepared in solar ovens. A small solar powered electrical unit powers cell phones, laptops, and lights.

As Reynolds explains, "We do not want people to become dependent on products that we make or any country makes. We want people to be empowered by the ability to create sustenance for themselves, and in doing so, create employment, jobs and a mini-economy – an entire method that is independent of corporations, largely independent of oil, and independent of politics."

Paul America is an independent filmmaker and web wizard. He has traveled extensively with the Earthship team, documenting international disaster relief and humanitarian projects.

פול אמריקה: *מתוך משלחת להאיטי חלק 2*, 2011

קטע מתוך וידיאו דיגיטלי, 22:14 דקות

ב-2010 פקדה את האיטי רעידת האדמה מפלצתית בעוצמה 7 בסולם ריכטר, שפגעה בכשלושה מיליון בני אדם והותירה אחריה בין 100 אלף ל-160 אלף הרוגים. הרעש גרם נזק עצום בבירה פורט-או-פרינס, בעיר ז'אקמל וביישובים אחרים באזור.

ב-2011 יצא מייקל ריינולדס עם צוותו להאיטי, כדי ללמד את התושבים כיצד לבנות לעצמם מחסות בני-קיימא תוך שימוש בטכניקות הבנייה שפיתח. פרויקט "ספינת אדמה להאיטי" התמקד בהקמת בתי קבע, שמספקים לדייריהם מים נקיים ותנאים סניטריים.

כל "ספינת אדמה להאיטי" מְשכנת 32 בני אדם בשמונה קבוצות בנות ארבעה אנשים כל אחת, עם שמונה בתי שימוש בהדחת מים. הכנת המזון נעשית בתנורים סולאריים, וגנרטור חשמלי קטן המופעל באמצעים סולאריים משמש להטענת טלפונים סלולריים ומחשבים ניידים ולתאורה.

כפי שמסביר ריינולדס, "אנחנו רוצים שאנשים לא יהיו תלויים במוצרים שמיוצרים על-ידינו או על-ידי מדינה זו או אחרת. אנחנו מכוונים להעֲצמה של אנשים באמצעות היכולת ליצור קיימוּת לעצמם, ובתוך כך ליצור גם תעסוקה, משרות ומעין כלכלה-זוטא – מערכת שלמה שתהיה עצמאית מתאגידים, עצמאית במידה רבה מהתלות בדלק, עצמאית מפוליטיקה".

פול אמריקה הוא קולנוען עצמאי ואשף רשת. הוא מרבה לנסוע ברחבי העולם עם צוות "ספינת האדמה" ומתעד משלחות סיוע לאסון ופרויקטים הומניטריים.

על הפער בין המִפרט הרציונלי של כל פתרון תעשייתי בייצור המוני, לבין הצרכים הפרטיים של מי שנאלצו להימלט מבתיהם ולבקש מחסה במחנה זמני.

ערוצי חדשנות עצמאיים

שותפינו בגופים ההומניטריים ומשתמשי הקצה שלנו לוקחים את תהליך הפיתוח והעיצוב כמה צעדים קדימה. בנוסף לשיפורים האסתטיים, שינויים תפקודיים מוכנסים תדיר על-ידי ארגונים שותפים ומשתמשי קצה כדי לענות על צורכיהם. סדרת המחסות הראשונה יצאה מפס הייצור ונשלחה ל"רופאים ללא גבולות" בעקבות רעידת האדמה בנפאל ב-2015, ושם הם שימשו כמרפאות ולא כבתים ארעיים. שותפים אחרים הפכו את המחסות שלנו לחממות יצירה ויזמות או למרכזי חינוך לגיל הרך, שבהם ילדים משחקים יחד ומוצאים הפוגה כלשהי מתלאות המסע, מכאב הזכרונות ומפחדי העתיד וחוסר הוודאות.

בג'יבוטי, פליטים מתימן עיצבו מערכת מיזוג אוויר מבקבוקי פלסטיק שנחתכו לשניים ואז הותקנו על קירות המחסות – פתרון אפקטיבי, לואו-טקי וזול, שהמצאתו לא היתה מסתייעת על לוח השרטוט של צוות העיצוב.

במקרה אחר, משפחות סומליות באתיופיה בחנו גרסאות פרוטוטיפיות של המחסה והחליטו לא להשתמש ביריעות הרצפה הפלסטיות הכלולות בערכה אלא לשמור על רצפת הבוץ. הרצפה הורטבה כל בוקר במים, שהתאדו במהלך היום וצינּנו את האוויר בחלל המחסה. את יריעות הרצפה מכרו בשוק המקומי.

מצבי פליטוּת ממושכים אורכים 17 שנים בממוצע; רוב המשפחות נשארות לפיכך במחנה הרבה יותר מתקופה של שלוש שנים, שכמענה לה עוצב המחסה. ועדיין, המחסה עשוי כך שיהיה אפשר לשדרגו תוך שימוש בחומרים מקומיים, תהליך שכבר היינו עדים לו בכמה מחנות. במחנה קוורגוסק (Kawergosk) בצפון עיראק, למשל, שיבצו המשתמשים לוחות פח גלי (CGI) ולבֵנים במסגרת המתכת של המחסה, ליצירת מבנה עמיד יותר, קבוע-למחצה.

בתי הארעי הצנועים שלנו מעניקים מחסה לאנשים החווים אֵבל ושחרור: אֵבל וכאב על אובדן עברם; שחרור והקלה במחשבה על חייהם שניצלו. בתהליך הקמת המחסה וההתמקמות בו, נוצר בית. מהתחלה צנועה של מקלט במחנה ארעי, הוא עוטה גוון אישי ככל שהמשפחות המתגוררות בו מרחיבות ומשדרגות את משקיהן. נקודת הסיום האופטימלית תהיה חזרה הביתה.

ראו עמ' 155.

> ״מעולם לא היה העולם נדיב כל כך לצורכי אנשים שנפגעו מסכסוכים ואסונות, ומעולם לא היתה הנדיבות הזאת כה בלתי מספקת״.
>
> דו״ח הוועדה לתקצוב הומניטרי שהוגש למזכ״ל האו״ם, ינואר 2016

הגופים הפוליטיים והכלכליים הפועלים כיום ברחבי העולם – אם בסעד לפליטים ואם בחיפוש אחר פתרון כולל לבעיית הפליטים – מוגבלים ביכולותיהם. המחסה Better Shelter נועד להעניק לפליטים ביטחון וכבוד, תוך התחשבות באינספור האילוצים הלוגיסטיים, הפוליטיים והתקציביים הסובבים את התכנון והניהול של מחנות פליטים. הפרויקט שלנו הוא למעשה עיצוב שכולו סתירות פנימיות: אנחנו מבקשים לתכנן מבנה שיהיה עמיד ובה-בעת ארעי (מאחר שפליטים חיים לפעמים במחנות במשך שנים ודורות, בעוד הממשלות המארחות, מצדן, לא מאפשרות בנייה של קבע ביישובים אלה); להעמיד ״בית הרחק מהבית״, שיכבד את דייריו אך יאפשר הרכבה זריזה ופירוק מהיר במקרה הצורך; ולעשותו זול ככל האפשר, קל משקל וקומפקטי להובלה – אך שבכל זאת יהיו בו קירות קשיחים, דלת ננעלת, ארבעה חלונות, מנורה ותקרה גבוהה, וכל זה בשטח 17.5 מ״ר.

את מלאכת הפיתוח של מחסה ארעי העונה על צרכים בסיסים אלה, מאתגרות ומגבילות כמה דרישות מעשיות: המחסה אמור להיבנות בתצורות שונות מתוך ערכה מודולרית קומפקטית, שחלקיה נדחסים היטב לאריזה שטוחה וניתנים להרכבה קלה בלי להידרש לכלים נוספים, על-ידי אנשים מתרבויות שונות הדוברים שפות שונות. ברור, אם כן, שמחסה מעין זה לא יציע דרגת נוחות שמספקים תקנים של מבני קבע.

מטעמים תקציביים, האסתטיקה העיצובית של המחסה פשוטה מאוד והפונקציה היא שעומדת בראש מעיינינו, שכן העיצוב חייב להיות קל להרכבה ולהובלה. לפיכך היה עלינו לשקול מחדש את סדרי העדיפויות של הצרכים השונים, ולזקק אותם בקיצוניות לצרכים הבסיסיים ביותר. הדבר משתקף אפילו בהליך ההרכבה של המחסה, שמביא בחשבון אפשרות של גשם ולכן מקדים את הקמת הגג להתקנת הקירות והרצפה.

הפשטות הזאת תומכת בהחלטה להשאיר פתח לצרכים האישיים של המשתמשים, לספק מחסה שיהיה כ״בד חלק״ לדיירים, שיוכלו לעצבו כרצונם מבחינה אסתטית ופונקציונלית. ראינו חללי פנים יפהפיים, שעוצבו על-ידי משפחות שביקשו לעשות את ביתם הארעי יפה ונעים ככל האפשר. הקירות הפנימיים והרצפה כוסו בדים ושטיחים צבעוניים, שהקנו חמימות ורכות לחלל ושינו את המחסה לבלי הכר. חפצים אישיים נתלו על הקירות, טלוויזיה הוצבה בפינה, ואזורים ייעודיים הוקצו לאחסון או לפעילויות השונות. אורחות החיים במחסה לא היו שונים בהרבה מן המוכּר לנו בדירות או בבתי הקבע שלנו, אמנם בקנה-המידה המצומצם של הצרכים הבסיסיים ביותר ובשטח המזערי של 17.5 מ״ר. אנחנו מאמינים שעיצוב החלל הפרטי מעצים את תחושת הבית, הבעלות והשליטה. מעשה העיצוב מצביע על כך שהתקווה לא אבדה, ומעיד על רצון הדיירים להמשיך לחיות חיים של כבוד ולשמור על תחושת הערך המוּלדת של האדם.

ההחלטה לאפשר למחסה להשתנות עם הזמן בהתאם להעדפות התרבותיות השונות, עשויה להיתפס כעיסוק בזוטות – אך מנסיוננו אין זה כך. ראינו אינספור דוגמאות למחסות בתכנון הנדסי מופתי, שנזנחו מאחר שלא התאימו להקשר התרבותי ולא איפשרו התאמה גמישה לצורכי המשתמשים. אנחנו מאמינים שהעיצוב הפשוט והמודולרי של Better Shelter יגשר

פיתוח מחסה ארעי לאוכלוסיות עקורים ברחבי העולם

מרתה טרנה, יוהאן קרלסון
וכריסטיאן גוסטפסון @ Better Shelter

דומה ששנת 2017 אוצרת בחובה אי־ודאויות רבות מאלו שחווינו בשנים האחרונות. יותר מ-65 מיליון בני אדם עקורים כיום מביתם כתוצאה מסכסוכים מתמשכים, בצורות נשנות ואסונות טבע, בעוד אומות העולם מחפשות דרכים לשתף פעולה בהתמודדות עם האתגרים הפוליטיים והסביבתיים הגלובליים.

פיתחנו את Better Shelter בתקווה לשפר את תנאי החיים של משפחות רבות, שנאלצו להימלט מבתיהן עקב מלחמה או אסון טבע ומתגוררות כיום במחנות מאורגנים.[1] מחנות כאלה הם על פי רוב המוצא האחרון שמציעים ארגונים הומניטריים, ורוב עקורי העולם לא חיים בתנאים כאלה. הם אמנם שונים אלה מאלה ומספקים צורכי מחסה בסיסיים, אך בתודעה הקולקטיבית נצרב הדימוי של מחנה הפליטים כשורות אוהלים ארוכות בין שבילי עפר וערמות זבל במדבר מאובק. בכמה מן המחנות נאלצות משפחות הפליטים לחיות במשך דורות: זהו, למשל, המקרה של מחנות הפליטים הפלסטיניים ברצועת עזה, בגדה המערבית ובארצות שכנות, שראשיתם ב-1948 כערי אוהלים זמניות. מצבם הבלתי פתור איתגר דורות של תושבים הממשיכים להחזיק במעמד פליט, שכן עם השנים הפכו מחנות הפליטים הפלסטיניים לאזורים אורבניים, המתאפיינים במבני לבֵנים מאולתרים, צפיפות יתר, תשתיות ירודות וחוסר ביטחון אישי.[2]

המחסה הארעי נבדל כמובן מבית הקבע מבחינות רבות, ועדיין, שני טיפוסי המבנים הללו נועדו ותוכננו למגורי אדם. ההבדל המהותי ביניהם הוא כהבדל בין אלה שנהנים מן הזכות לחיים של חירות במדינה יציבה, עם גישה לחינוך ולעבודה – לבין מי שנאלצו לברוח מבתיהם ולעזוב מאחור את כל עברם ורכושם כדי להישאר בחיים.

במחסות שלנו משוכנות משפחות בהרכבים שונים, שנעקרו ממקומן מסיבות שונות והתנסו בחוויות חיים שונות. כמה מן המשפחות המאכלסות את המחסות חיו קודם לכן חיי נוודות, אחרות התגוררו בבתים אמידים בשטח 200 מ״ר ויותר, ואחרות הורגלו בתנאי מגורים צנועים בהרבה. לכן לא עיצבנו את המחסה במחשבה על קבוצה דמוגרפית מסוימת או על טיפוס אדם ייעודי בארץ זו או אחרת. העמדנו לנגד עינינו כמה צורכי יסוד משותפים. ההגדרה של בית עשויה להשתנות במעבר בין תרבויות, ארצות ויבשות, אך אנו מאמינים שכל סוגי הבית חולקים ביניהם מכנים משותפים, ויהיה זה בית קבוע או ארעי (אם כתוצאה מנסיבות בלתי נשלטות ואם מבחירה חופשית).

המחסה, כמוהו כאוהל או כבית, נועד בראש ובראשונה להעניק קורת גג ומידה הכרחית של הגנה. במהלך ההתמודדות עם צרכים אלה ותוך שִכלול הפתרונות המוצעים, מטרתנו היא פיתוח מחסה שיעניק פרטיות וכבוד ויאפשר לדייריו להתאימו להעדפותיהם האישיות ולעשותו שלהם. רשימת הדרישות שהתקבלה מנציבות האו״ם לפליטים, UNHCR, הִנחתה רבות מהחלטותינו בתהליך העיצוב. המומחיות שלהם היתה יקרה מפז, וכך גם המשוב שקיבלנו ממשתמשי הקצה.

[1] 21.3 מיליון פליטים (16.1 מיליון פליטים בפיקוח UNHCR, 5.2 מיליון פליטים פלסטינים ברשומות של UNRWA) ו-40.8 מיליון פליטים פנימיים (IDPs), קרי אנשים שנעקרו מבתיהם בגבולות ארצם. ראו: UNHCR, *Figures at a Glance* [website], 2016; www.unhcr.org/figures-at-a-glance.html

[2] UNRWA, *Palestine Refugees* [website], 2017; www.unrwa.org/palestine-refugees

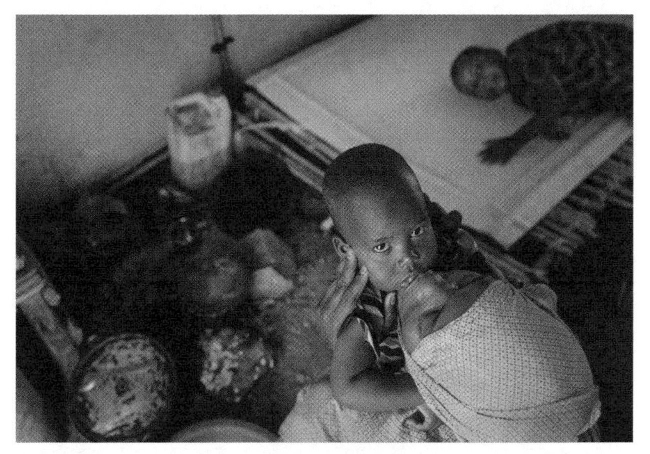

עשה זאת בעצמך

STORYTELLING

STORYTELLING AS AN ACT OF RESILIENCE

Sarah Wolozin

Over the last ten years, a small movement of innovative pioneers has been experimenting with documentary forms and processes using emerging technologies such as the Internet, cell phones, tablets, and virtual reality.[1] These innovators come from a variety of disciplines including the arts, journalism, game design, and science. Working with coders and designers, they create interactive, participatory, immersive and location-based documentaries that take advantage of the new possibilities afforded by these constantly evolving technologies.

In the context of stories about natural disasters, their motives are the same as those of any documentarian – to discover untold narratives, to give voice to the people who experienced these events first hand, and to explore deeper truths. Taking over once the news media has left the scene, they work with new technologies to tap into the way stories are consumed and shared today through the Internet and cell phones, as well as into people's expectations and ability to interact, create, and distribute content. They tell stories *with* their subjects rather than *about* them. And in doing so, they create processes for community storytelling that are as important as the product, carrying the project forward long after the original author has left. Unlike their linear cousins, these projects not only *tell* stories, but also become *tools* for telling stories, building communities, and fostering change.

Sandra Gaudenzi and Judith Aston define interactive documentaries as "any project that starts with an intention to document the 'real' and that does so by using digital interactive technology ... What unites all these projects is this intersection between digital interactive technology and documentary practice. Where these two things come together, the audience becomes active agents within documentary – making the work unfold through their interaction and often contributing content."[2]

The documentary *After the Storm*, which is included in this exhibition, is a beautifully crafted, cinematic and deeply personal example of a "soft" interactive work. Told as a linear story from the viewpoint of a storm survivor and addressed to future storm survivors, it artfully takes the audience through the narrator's personal experience. At the same time, it allows viewers leeway to ponder, dig, and skip through the story. One can "click" to see more photos, peruse a photo album, or listen to the local weatherman, choosing between the immediacy of a camera, the nostalgia of an album, or the authority of a weather report.

1 See https://www .docubase.mit.edu for a collection of these projects.

2 Sandra Gaudenzi and Judith Aston, "Interactive Documentary: Setting the Field," *Studies in Documentary Film*, 6:2 (2012), pp. 125–139.

Each feature enables the viewers to dig deeper at points of interest, move more quickly through other sections, or watch the story without a single click. The point is that the experience is active, empowering users to make their own choices and explore the content in a deeper and more personal way, thus becoming better equipped to handle a future storm.

The ability to contribute content is another key affordance of interactive and participatory documentaries. In a 2009 Ted Talk, the Nigerian novelist Chimamanda Ngozi Adichie spoke about the "danger of a single story."[3] Although she was referring to the dominance of Western literature, one can also think about her argument when describing a place. The perspectives and stories of local residents are often reductive, and are usually told by those in positions of power. In the case of a natural disaster, most often the story is that of a single author looking in from the outside. Participatory storytelling offers another, ground-up method for empowering the individual and ensuring a multiplicity of micro-stories that redefine the overarching narrative of victimhood.

Jason Headley was the story director for *Hollow*, an award-winning interactive and participatory documentary about a small county in West Virginia that is portrayed in the media as a poor, beaten-down community.[4] Headley explains the motivation for *Hollow* as follows: "Most of the thoughts and opinions of our state are formed by outside forces looking in. This project gives us the chance to do the exact opposite. To let people see West Virginia from the perspective of the people who live here."[5]

Sandy Storyline, a participatory documentary about Hurricane Sandy, which hit the East Coast in October 2012, grew out of the producers' desire to tell the story from a community perspective. They created a platform and a process for residents to share their experiences, enabling them to both tell their own stories and listen to others. These kinds of collaborative projects have the potential to bring communities together and build networks of people who share similar experiences or concerns. As the producers explain, "By engaging people in sharing their own experiences and visions, *Sandy Storyline* is building a community-generated narrative of the storm and its aftermath in order to build a more just and sustainable future. Sandy Storyline features audio, video, photography, and text stories – contributed by residents, citizen journalists, and professional producers."[6] The *Sandy Storyline* team held workshops in different neighborhoods affected by the storm to teach people how to use the equipment and create narratives. Stories thus become powerful not only because of who tells them, but also because of how they are told.

3 See https://www.ted.com/talks/chimamanda_adichie_the_danger_of_a_single_story.

4 See Mandy Rose, "Making Publics: Documentary as Do-it-with-Others Citizenship," in: Matt Ratto and Megan Boler (eds.), *DIY Citizenship: Critical Making & Social Media* (Cambridge, MA: The MIT Press, 2013), pp. 201-212.

5 *Ibid.*, p. 203.

6 See http://www.sandystoryline.com/about.

Another way to think about *Sandy Storyline* is through what Mandy Rose refers to as DIWO (Do-It-With-Others), as opposed to DIY. [7] In this context, professional producers work alongside the participants, creating methods for them to tell their stories. While DIY is an important cultural practice, DIWO methods bring even more people into the storytelling ring. As a result, anyone who wants to tell a story can do so. Hundreds of stories exist on the *Sandy Storyline* platform. As a collective whole, they provide a much deeper understanding of the experience than could any news reporter present for a day. The stories about pain, resilience and recovery continue long after the storm and press leave. Living on the platform for as long as the website is live, they represent a new kind of disaster reporting that doesn't end the story at the beginning.

The interactive documentary *Disaster Resilience Journal* features a variety of stories, which are distributed through networks created by the authors and by the audiences invited to submit their own stories. A new article illustrating acts of resilience is released in a variety of media every day for 42 days, examining how "individuals, communities and countries around the world are building resilience in a landscape of climate change and social, economic and cultural shifts."[8] By soliciting and sharing a wide variety of stories of resilience, the film creates a resilience network as communities are formed and the documentary-as-database becomes an accessible and long-lasting resource.

Echoes of Tsunami is a meditative, interactive documentary that uses a variety of methods to recount the events of the day a violent tsunami hit coastlines on the Indian Ocean. You can watch professionally produced stories and videos by witnesses, learn of the response by Action against Hunger, and, most interestingly and disturbingly, close your eyes and listen to the sounds of the tsunami. At once a resource, a memorial, and a personalized experience, *Echoes of Tsunami* brings back memories of the horror, while also offering solutions for recovery. *Healing Stories* is another interactive documentary that shows stories of resilience. Although the stories are professionally produced, users can choose how to navigate through them, watching one or many at one time or at different times.

Unlike *Sandy Storyline*, the storytelling platform *Cowbird*, created by the artist Jonathan Harris, is not focused on one event, seeking instead to create a "public library of human experience."[9] Stories submitted by individual people are displayed, archived, and sorted by theme, popularity, chronology, and so forth. To date, the platform contains almost 90,000 stories from 187 countries, becoming a rich tapestry of human experiences, including ones of natural disasters.[10] Harris is a digital artist who creates mesmerizing visualizations and narratives based on data that he accesses both online and offline. Like the

7 Rose, "Making Publics," p. 203.
8 See http://disaster-resilience.com.
9 See http://cowbird.com/about.

producers of *Storyline*, his role is to create a process and platform for others to tell their stories.

Rose points to the long history of this type of art-making by referring to Walter Benjamin's essay "The Author as Producer," which was written in the 1930s.[11] Considering the options for the engaged Marxist artist, Benjamin makes a distinction between self-expression and the work of providing a platform, proposing that the task of the committed artist is to adapt "the production apparatus" on behalf of the workers. "This apparatus will be the better," he continues, "the more consumers it brings into contact with the production process – in short, the more readers or spectators it turns into collaborators."[12]

When creating a space for communities to tell their own stories, the author's task is one of facilitation rather than of self-expression. This bottom-up approach to storytelling creates much more than a document, becoming part of the solution. It allows people and communities to shape their own narratives, represent themselves, engage in the cathartic act of telling their stories, create networks, connect and build community. In doing so, they can form a collective understanding of what happened and provide a space for solving problems. The interactive and participatory documentary process itself thus becomes a tool for rebounding from disaster, as the co-created stories are part of the solution.

Creating these documentaries requires a different set of skills and motivations than linear filmmaking. So that while authorial, beautifully told documentaries have an important place in our storytelling cannon, interactive, collaborative documentaries represent new kinds of truths and possibilities. By setting up a process with the intent of telling a community-based narrative that not only offers a more nuanced and complex rendering of an event, but also builds communities and networks, these documentaries provide a space for sharing knowledge, resources, and common experiences, as well as a method for discovering solutions. Comprised of many micro-stories, the meta-narrative becomes representative of the communities' experiences, and is often changed from a story of victimhood into one of resilience, recovery, transformation, and empowerment.

Sarah Wolozin is the director of the MIT Open Documentary Lab. She is a founding member of *Immerse*, a media publication about emerging documentary forms, and a founder and editorial director of *Docubase*, an online database of the people, projects and technologies that are transforming documentary processes in the digital age. She co-authored a report entitled "Mapping the Intersection of Two Cultures: Interactive Documentary and Digital Journalism." She has sat on numerous committees and juries, including Sundance New Frontier, Tribeca New Media Fund, and World Press Photo.

10 *Ibid.*
11 Walter Benjamin, "The Author as Producer," in *Understanding Brecht* (London & New York: New Left Books, 1977), pp. 85-103; see Rose, "Making Publics," p. 207.
12 Benjamin, *ibid.*, p. 98.

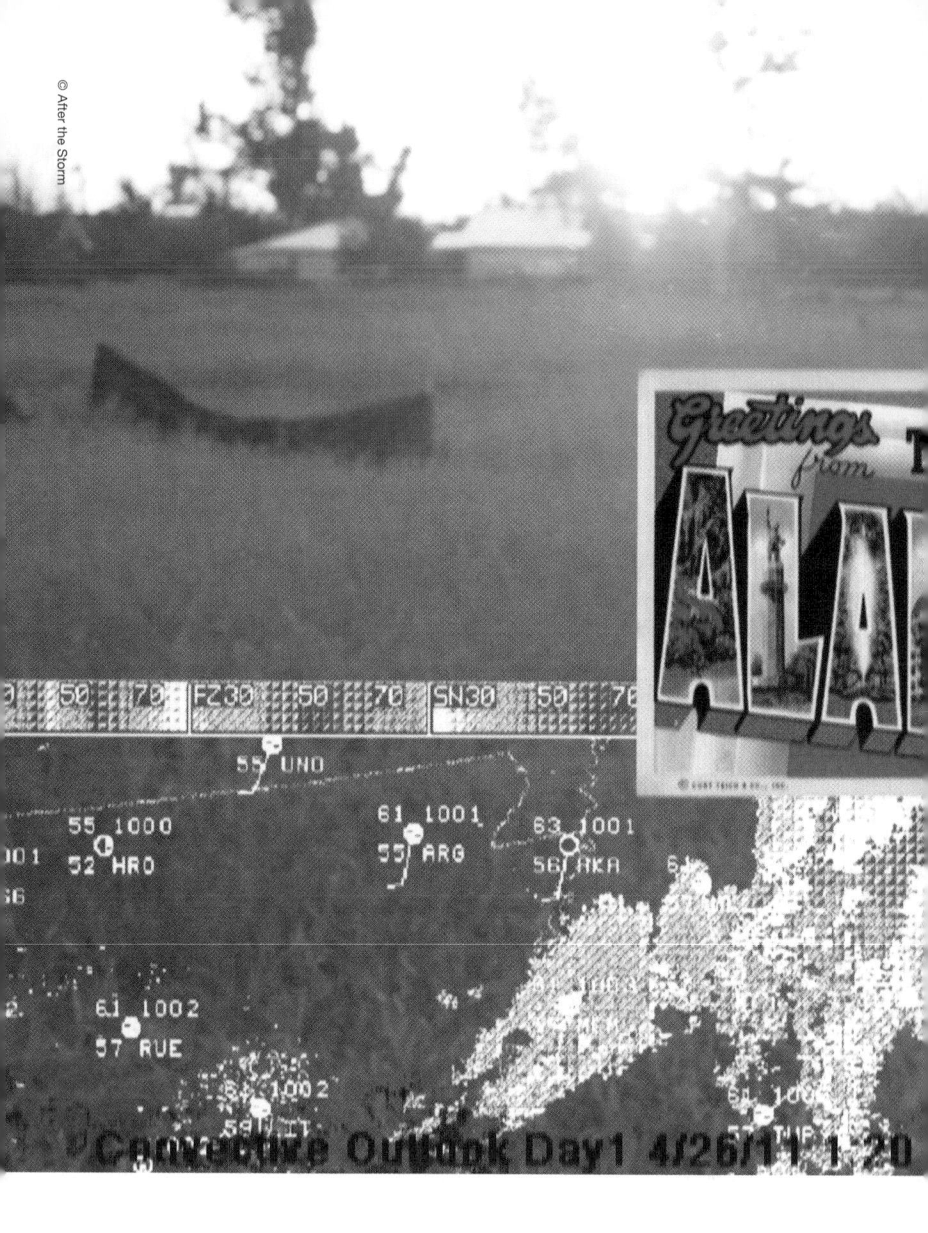
Greetings from
FZ30 50 70
SN30 50
55 UNO
55 1000
52 HRO
61 1001
55 ARG
63 1001
56 AKA
61 1002
57 RUE
Convective Outlook Day1

CALOOSA
61 TYS
65 GMU
68 1011
63 CHA
61 1009
59 HSV
66 1012
64 RMG
64 1013
64 1014
63 AHN
70 1015
ATLANTA
63 ATL
68 1012
70 1010

"WE LOST EVERYTHING. WE ARE HAPPY NOW"

Interview with Santosh Gajurel, aged 12, in the village of Takure, Sindhupalchok region, Nepal, 2016

Neta Kind-Lerer

Santosh, can you tell us what happened in your house one year ago, on the day of the earthquake?

I was outside, playing. My grandmother was inside. I felt strange and thought: What should I do? I wanted to go check on my grandmother. My parents were working in the field. I went to call them and they came. We saw that the cows and buffaloes were all under the ruins of the house. Everything had collapsed. After that we built a temporary house, and we are happy now.

Your house now is different than it was. It's a small house.

It is made of tin and bamboo. It's a small, temporary house.

Does your family want to build another house like the one you had before?

No.

Do they want to keep it like this?

Yes.

How is the house different than your old house?

In my old house there was a place to sleep, we had everything, but now everything gets wet when it rains. We have no place to put our things, rice, corn, and the food we grow. My parents have a money problem. They want to build a new house one day, they have a plan, but they cannot at the moment. And now we are happy in the temporary house.

What do your parents do?

My mother is a teacher and my father is a farmer.

Did the earthquake affect your father's livelihood?

Yes, my parents grow their own crops, but everything got buried under the house and destroyed, so they are looking for a field to buy.

Do you have enough food now?

Now everything is normal, everything is good.

Earlier on, though, was there a food problem? Did you have enough to eat?

A few months ago, we had nothing at home. An organization gave us some food and clothes, but now we are trying to manage on our own.

Can you tell me what you felt during the earthquake, inside your heart?

I was so scared when it happened. I started thinking about where we were going to stay now and what we were going to have left. That day we had nothing left. We started looking for pieces of waterproof cloth to build our temporary house, so that we would have somewhere to sleep. I was thinking about what we were going to eat and where we were going to stay. That was my main question at the time.

Were your family members and parents all worried? Were they scared?

Yes, they were all worried because of the earthquake. One of my uncles on my mother's side died during the earthquake in Kathmandu. Three or four of my relatives died at that time.

Did you know the family members who were killed? Were you close to them?

Yes. I used to visit them in Khatmandu, I knew them very well.

What happened to them? Did their houses collapse while they were inside?

Yes.

Have you been feeling sad since the earthquake? Was this year very hard for you? Has your life become very different?

Before the earthquake we didn't have any problems. I was lucky to have all the clothes and food I needed. But after the earthquake everything collapsed. A few days ago we had a very rainy, windy day. Our temporary house got damaged again, and we had to rebuild it again. Our life now is more difficult than before.

Can you describe what happens in your house now when there are heavy rains?

Everything gets wet, the roof flies off in the wind, and we have to rebuild it.

Did you stop going to school after the earthquake? What was that like?

School was closed for one month because some of the students died. They closed it to honor them. After one month we started again, slowly, and now things are back to normal.

What was your relationship with those children?

We were close. Five of them were in my class. A total of 11 kids died. We were close, they were my best friends.

Does daily life at school feel very different after the earthquake?

It's pretty different. The teachers have changed. They don't teach so well anymore. They are not so interested or motivated at the moment.

Do you like going to school?

Yes.

What do you like about it? Can you describe what it's like at school?

At school I get a chance to learn things. I feel happy when I play with my friends and I feel like I have a chance to learn from them. When I'm in school I pass my time happily.

What is your favorite subject?

English...

How far is school from your house?

It's a one-hour walk.

Every day you walk one hour there and one hour back?

Yes.

And what happens if it rains?

I stay in school for a while, and if it's tough I run to the house.

Was the school also damaged?

It didn't collapse, but it was badly cracked. After the earthquake they built two temporary classrooms made of bamboo and tin. This is where we study now, and they are rebuilding the old classrooms with cement.

Since the big earthquake, there have been many small ones, even yesterday morning. What do you feel when it happens again?

When I am alone I feel very scared, but if I am with a friend we make fun of it.

Do you feel that your parents are sad? Has the atmosphere in your house changed?

I haven't noticed any changes in my parents.

Have you noticed any difference in the village? When you go around the village, do you notice anything that is different from before the earthquake?

I see some differences. Before the earthquake, the villagers used to work in their houses and complete their work on time. But now some are so scared they drink alcohol all day, smoke, and play cards. They have no routine. They didn't used to behave this way. Now some say things like "We are going to die, we have no hope for our life. We lost everything, everything is gone." Some of them are like this. These are some of the changes I see.

What is your dream for the future?

That everyone will build strong, safe houses that aren't made of mud, which can collapse.

And what is your personal dream? What do you want to be when you grow up?

In the future, I am going to build a house that will be safe from earthquakes. And I'm going to help people.

Help people? In what way?

I live right above the Tamang community (an ethnic group whose social status is low in Nepal). They don't understand things. I want to change the way they think.

What is wrong with them?

They aren't educated, and I want to change that and make them more positive.

Where did you get these ideas?

By listening to them while they talk.

Is there anything else you would to say?

No...

Thank you so much. You are a very smart boy, very impressive.

Thank you.

[Nepalese-English translation: Rupak Acharya]

Santosh Gajurel (center; photo: William Briand)

For the project *Stories of the Unheard*, see p. 206.

Neta Kind-Lerer, William Briand, Anica James, Mitch Ward, and Jonathan H. Lee: *Stories of the Unheard*, 2016

On April 25, 2015, a devastating earthquake hit Nepal, claiming the lives of more than 9,000 people and leaving millions without a roof over their heads. Following this natural disaster, a group of volunteers from various countries, together with local activists, initiated *Stories of the Unheard*, a project that tells the story of Nepal in the year following the earthquake. Long after the world media had moved on to report on other disasters, this project sought to give voice to the unheard – to those whom the volunteers met on a daily, personal basis in villages, in the mountains, in schools, and in destroyed neighborhoods.

These volunteers, most of whom lacked any journalistic experience, interviewed local residents, recorded the conversations, and documented their surroundings using image and sound. In doing so, they told the stories of destroyed villages, of urban residents who left their homes to volunteer, and of people who lost their love ones, their sense of personal safety, and their livelihood. In conjunction with the earthquake's first anniversary, a selection of these stories was displayed in the historical Patan Square in the Kathmandu Valley; in the city of Pokhara at the foot of the Himalayas; and in Bristol, England.

Neta Kind-Lerer, aged 23, is a peace activist who served as a reporter on the Israeli Army Radio network. She volunteered to help restore villages destroyed during the earthquake in Nepal, where she lived alongside local residents; **William Briand,** aged 29, is a traveling photographer specializing in portraiture and landscapes; **Anica James,** aged 26, is an award-winning Canadian documentary photographer and educator, and has been listed as one of the world's most promising female photographers under 30 (PhotoBoite); **Mitch Ward,** aged 26, is a photographer from Nova Scotia, Canada; **Jonathan H. Lee** is an environmental and social photographer raised in Hong Kong and Los Angeles and currently residing in Nepal, where he works in education and community development / Exhibition initiators: Harry Morgan is a British writer, illustrator, and activist and a co-founder of a volunteer group for Nepal; Bhuwan Rokka is a founding member of the NGO "Nepalese for Nepal"; Marli Gordon is an American active in Nepal since 2014.

The Kafle family (photo: Neta Kind-Lerer)

משפחת דהאל (צילום: נטע קינד־לרר)

נטע קינד-לרר, וויליאם בריאנד, אניקה ג'יימס, מיטש וורד וג'ונתן לי: *סיפורים שקולם לא נשמע*, 2016

ב-25 באפריל 2015 החריד את נפאל רעש אדמה שגבה את חייהם של יותר מ-9,000 בני אדם והותיר מיליונים ללא קורת גג. בעקבות האסון יזמה קבוצת מתנדבים ממדינות שונות, יחד עם פעילים מקומיים, את הפרויקט *סיפורים שקולם לא נשמע*, המְספר את סיפורה של נפאל בשנה שאחרי. כלי התקשורת העולמיים כבר עזבו מזמן לסקר אסונות אחרים, והפרויקט ביקש לתת קול לאלה שקולם לא נשמע, לאנשים שפגשו המתנדבים באופן אישי ויומיומי בכפרים, בהרים, בבתי הספר ובשכונות ההרוסות.

המתנדבים, לרוב חסרי ניסיון עיתונאי, ראיינו את תושבי המקום, הקליטו את השיחות, תיעדו את סביבתם בתמונה ובסאונד, ובתוך כך סיפרו את סיפוריהם של כפריים שבתיהם נהרסו, עירוניים שעזבו את בתיהם ויצאו להתנדב, אנשים שאיבדו את יקיריהם, בטחונם האישי ופרנסתם.

סביב יום השנה לרעידת האדמה הוצגו הסיפורים הנבחרים בתערוכה בכיכר ההיסטורית של פתאן שבעמק קטמנדו, בעיר פוקארה שלמרגלות ההימלאיה, ובבריסטול, בריטניה.

נטע קינד־לרר, בת 23, פעילת שלום, שירתה כעיתונאית במחלקת החדשות של גלי צה"ל. התנדבה בשיקום כפרים שנהרסו ברעידת האדמה בנפאל וחיה בקרב המקומיים; **וויליאם בריאנד**, בן 29, הוא צלם נודד המתמחה בצילום דיוקנאות ונופים; **אניקה ג'יימס**, בת 26, היא צלמת תיעודית ומחנכת זוכת פרסים מקנדה, הכלולה ברשימת שלושים הצלמות המבטיחות בעולם מתחת לגיל שלושים (PhotoBoite); **מיטש וורד**, בן 26, צלם מנובה־סקוטיה, קנדה; **ג'ונתן לי**, צלם סביבתי ותיעודי שגדל בהונג־קונג ובלוס־אנג'לס וכיום מתגורר בנפאל, עוסק בחינוך ובפיתוח קהילתי. / יוזמי התערוכה: הרי מורגן, כתב ומאייר ואקטיביסט מבריטניה, מייסד־שותף של קבוצת המתנדבים לנפאל; בהובאן רוקה, חבר מייסד של הארגון הלא־ממשלתי "נפאלים למען נפאל"; מרלי גורדון, אמריקאית הפועלת בנפאל מאז 2014.

Maya Kosover (An Israeli Story): *A Birth Story*, 2015

At my birthday party, Tal and Amir announced that they were about to become parents. I was surprised, especially since they are both men. I wanted to know everything: How? What? When? But before I could ask anything, the two added: "And not just parents, but the parents of triplets." At that moment, I decided to document the process: to provide Tal and Amir with recording equipment, to meet them for interviews, and to accompany them on their journey both in Israel and abroad.

Tal and Amir chose surrogacy, a decision they reached after a difficult series of deliberations that included questions about ethics, feminism, globalization, money, and class. They set out on a journey that took them across continents: sperm belonging to both of them came from Israel; the egg donor was from Eastern Europe; the two surrogates were Indian; and the birth took place in Nepal.

The twins were born first, followed by the third son a week later. With them, a new family was born: two fathers and three babies. This was a "birthday" month in Nepal, which ended when the earth shook.

In the minutes after the earthquake they stood, half naked, outside the destroyed building. The babies cried. There was terrible noise and total chaos. Tal had managed to grab his cell phone. He looked at the screen, saw that he had reception, and quickly sent me a WhatsApp message. The message was cut off after eight seconds. The network collapsed, as did the Internet. But Tal continued to record and document. Technology enabled him to cry out for help, and was also the tool through which he chose to tell the story in real time, in the first person.

The earthquake was, literally, a moment of rupture; one in which anxiety and the struggle to survive, life and death, were distilled. Together with the earth, conventional conceptions of "family" were shattered, as were the accepted limits of law and ethics. The unique intimacy of radio transmissions enables us to listen to them without seeing, using our imagination; to be there with them, in what has become an eternalized present.

Maya Kosover, a radio and television content producer, edited "Night People," Kobi Meidan's daily radio program on Israeli Army Radio; she was the director of the Koteret program's radio station at the University of Tel Aviv, where she also taught radio-related courses; she is an editor of culture and media events (including the Israeli Academy of Television and Film Awards); Kosover is a lecturer on communications and radio at Sapir College, and a key participant in "An Israeli Story."
An Israeli Story, a podcast and docu-radio program broadcast on Israeli Army Radio and on the Internet, takes up the ancient craft of storytelling using soundtrack design and cutting-edge editing tools. The resulting radio broadcasts are far removed from the shrill reporting of current events, and eschew tags and definitions. "An Israeli Story" has recently been joined by a sister-program titled "Israel Story," which is broadcast in English on leading public radio stations in the United States (NPR) and Australia (ABC), as well as on the prestigious Tablet Magazine online. "An Israeli Story" has been listed as one of the world's best podcasts. See: www.israelstory.org.

מאיה קוסובר ("סיפור ישראלי"):
סיפור הולדת, 2015

במסיבת יום ההולדת שלי, טל ועמיר סיפרו שהם עתידים להיות להורים. זה סיקרן אותי, בעיקר משום שמדובר בזוג גברים. רציתי לדעת הכל: איך? מה? מתי? אבל לפני שהספקתי לשאול, טל ועמיר הוסיפו: "ולא סתם הורים. הורים לשלישייה". באותו רגע החלטתי לתעד את התהליך: לצייד את טל ועמיר במכשירי הקלטה, לפגוש אותם לראיונות וללוות אותם במסעם בארץ ובחו"ל.

הם בחרו בפונדקאות, החלטה שהגיעו אליה לאחר לבטים לא פשוטים: שאלות על מוסר, פמיניזם, גלובליזציה, כסף ומעמד. הם יצאו לדרך חוצה יבשות: הזרע – שלהם, של שניהם, מישראל; תורמת הביציות – ממזרח אירופה; שתי הפונדקאיות – הודיות; הלידה – בנפאל. תחילה נולדו תאומים, ושבועיים אחר כך נולד בן נוסף, שלישי. למעשה נולדה משפחה חדשה: שני אבות ושלושה תינוקות. היה זה חודש של "הולדת" בנפאל, חודש שבסופו האדמה רעדה.

בדקות שאחרי רעידת האדמה הם עמדו, עירומים למחצה, מחוץ לבניין ההרוס. התינוקות בכו, רעש ומהומת אלוהים, כאוס מוחלט. טל הספיק לקחת את הטלפון הנייד שלו. הוא הביט במסך, ראה שיש קליטה, מיהר להקליט הודעה בווטסאפ ושלח לי אותה. ההודעה נקטעה אחרי שמונה שניות. הרשת קרסה, לא היה אינטרנט, אבל טל המשיך להקליט, לתעד. הטכנולוגיה איפשרה לו לזעוק לעזרה, והיתה גם הכלי שבאמצעותו בחר לספר את הסיפור בזמן התרחשותו, בגוף ראשון.

רעידת האדמה היתה רגע של שבר, תרתי משמע; רגע שהתנקזו אליו כל תחושות החרדה ורצון ההישרדות, החיים והמוות. יחד עם האדמה, רועדות ומיטלטלות גם צורות המחשבה שלהם ושלנו: תפיסות של "מהי משפחה", גבולות מקובלים של חוק ומוסר. באמצעות האינטימיות הייחודית של הרדיו אנחנו יכולים להקשיב להם מבלי לראות, פשוט לדמיין; להיות איתם שם, כמעט בהווה, הווה שהונצח.

מאיה קוסובר, אשת תוכן ברדיו ובטלוויזיה, ערכה את "אנשים בלילה" - תוכנית הרדיו היומית של קובי מידן בגלי צה"ל; ניהלה את תחנת הרדיו של בית ספר "כותרת" באוניברסיטת תל־אביב, שם גם לימדה את מקצועות הרדיו; עורכת אירועי תרבות ותקשורת (ביניהם טקס פרסי הקולנוע הישראלי); מרצה לתקשורת ורדיו במכללת ספיר, ופעילה מרכזית ב"סיפור ישראלי".

סיפור ישראלי הוא פודקאסט ותוכנית רדיו־דוקו המשודרת בגלי צה"ל ובאינטרנט, החוזרת לעיסוק העתיק של "מְספרי־סיפורים" באמצעים של עיצוב פסקול וכלי עריכה מתקדמים. הרדיו שמתקבל בתוך כך מתרחק מצעקות האקטואליה ובורח מתוויות ותיוגים. באחרונה נולדה ל"סיפור ישראלי" תוכנית־אחות בשם Israel Story, המשודרת באנגלית בתחנות הרדיו הציבורי המובילות בארה"ב (NPR) ובאוסטרליה (ABC) וכן ב-*Tablet Magazine* היוקרתי. "סיפור ישראלי" מופיע ברשימות הפודקאסטים הטובים בעולם, וראו: www.israelstory.org.

Stefano Strocchi with Giotto Barbieri: *From Zero*, 2009, and *Return to L'Aquila*, 2011

Documentary web series (115 webisodes, 3 minutes each)
and a documentary video, 56:48 minutes

On April 6, 2009, the mountainous Italian region of Abruzzo and its capital, L'Aquila, were struck by a major earthquake. Due to the danger of building collapse, the authorities allowed locals back into the town only under Fire Department supervision. Sixty thousand displaced inhabitants were constrained to move into tent camps erected in the aftermath of the disaster. *From Zero* was produced as an online platform webcasting daily episodes from the tent camps. For a period of ninety days, ten mini episodes from different camps were posted on the web each day. Amounting to a total of 115 "webisodes," the project covered three months in the lives of 12 people, from their arrival in the tents until they prepared to return home or transition to a different location.

What happens in a disaster area once the news cameras have departed? The daily episodes enable viewers to become acquainted with people living in the camps, and with the predicament of the region as a whole. *From Zero* directs attention to the lives of people in the wake of a natural disaster, while providing viewers with a behind-the-scenes perspective on the news by documenting the situation six months after the life of an entire town was suspended in a single day.

The film *Return to L'Aquila* was made two years after the earthquake. L'Aquila has faded from the news, as has the "fast rebuilding plan" launched by the government. L'Aquila is a ghost town. The Civil Guard has left, handing all the problems back to the mayor: there is no structure, no economy, and the community is shattered. The film returns to the characters previously filmed in the camps to find out what happened to them since then.

Stefano Strocchi is an author and an independent documentary and cross-media producer. His company, MOVE Productions, has produced numerous films, among them *Men who Swim Together* (2010) by Dylan Williams. In 2013 he directed and produced *La Politica*. Since 2014 he works in Berlin, where he joined the production company Boekamp & Kriegsheim. The cross-media project *From Zero*, which he wrote and produced in 2009, was co-produced with PULSE Media and AlJazeera English (IDFA 2009, Tempo Festival 2010).

ITALIANO | ENGLISH
FROM ZERO
PEOPLE REBUILDING LIFE AFTER THE EMERGENCY
ABRUZZO, STORIE DALLE TENDOPOLI
MOVE
productions
PULSEMEDIA
EPISODI
PERSONAGGI
MARIO E SALHI
FAUSTO
MARCELLA
ANGELA
MAURIZIO
PSICOLOGI EMERGENZA
BANCA DELL'ADRIATICO
© MOVE PRODUCTIONS | PULSEMEDIA - ALL RIGHTS RESERVED

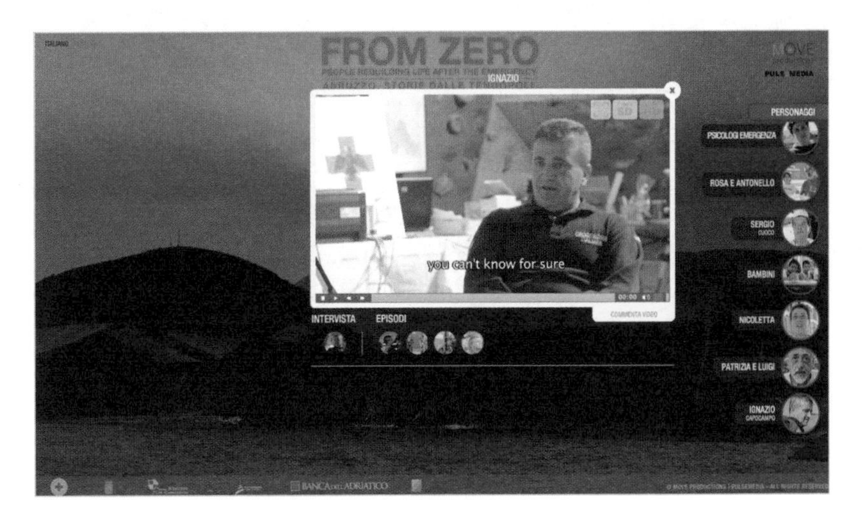
FROM ZERO
IGNAZIO
PERSONAGGI
PSICOLOGI EMERGENZA
ROSA E ANTONELLO
SERGIO
CUOCO
BAMBINI
NICOLETTA
PATRIZIA E LUIGI
IGNAZIO
CAPOCAMPO
you can't know for sure
INTERVISTA
EPISODI
BANCA DELL'ADRIATICO

SALA DI LETTURA

LETTURA
ama

I am

ITALIA
CASA AZZURRI
MS

סטפנו סטרוקי עם ג'וטו ברביירי:
להתחיל מאפס, 2009, ו*חזרה לל'אקילה*, 2011

סדרת רשת תיעודית (115 פרקים של 3 דקות כ"א)
וסרט וידיאו תיעודי, 56:48 דקות

ב-6 באפריל 2009 הרעיד רעש אדמה רב-עוצמה את מחוז אברוצו ההררי באיטליה ופגע בבירתו, ל'אקילה. בחשש מהתמוטטות בניינים, איפשרו הרשויות חזרת תושבים לבתיהם רק באישור מכבי האש. 60 אלף מן התושבים נאלצו לעקור לערי אוהלים שהוקמו בעקבות האסון. *להתחיל מאפס* היא סדרת רשת, שבמשך תשעים ימים שידרה מדי יום עשרה פרקים קצרים ממחנות האוהלים השונים. הפרויקט, שהסתכם ב-115 פרקי-רשת, כיסה שלושה חודשים בחייהם של 12 מן העקורים, הַחל בהגעתם למחנה האוהלים ועד החזרה הביתה או מעברם לאתר אחר.

כיצד נראים החיים באזור האסון לאחר עזיבתם של צוותי החדשות? פרקי-הרשת היומיים מאפשרים לצופים להתוודע לאנשים החיים במחנות ולמצב הקשה במחוז. *להתחיל מאפס* כמו מציצה אל ההתרחשות מאחורי הקלעים של החדשות, תוך התחקות אחר המתרחש באזור אסון חודשים לאחר שתושבי עיירה שלמה נאלצו לעצור באחת את מרוצת חייהם.

הסרט *חזרה לל'אקילה* נעשה שנתיים לאחר רעידת האדמה. ל'אקילה נשכחה ונעלמה מן החדשות, וכמוה גם "תוכנית השיקום המהירה" שהוכרזה על-ידי הממשלה. ל'אקילה היא עיירת רפאים, המשמר האזרחי עזב והשאיר את הבעיות לראש העיר: העדר שיקום, העדר מימון וקהילה מרוסקת. הסרט חוזר אל הדמויות שצולמו במחנות העקורים לסדרת הרשת, כדי לברר מה עלה בגורלם בזמן שחלף.

סטפנו סטרוקי הוא סופר ומפיק עצמאי של סרטי תעודה במדיה מגוונים. החברה שלו, MOVE הפקות, הפיקה, בין השאר, את *גברים ששוחים יחד* (2010) של דילן וויליאמס. ב-2013 ביים והפיק את *הפוליטיקה*. מ-2014 הוא עובד בברלין, שם הצטרף לחברת ההפקות בויקמפ את קריגסהיים. פרויקט המדיה שביים ב-2009, *להתחיל מאפס*, הופק בשיתוף עם PULSE מדיה ורשת אל-ג'זירה באנגלית (IDFA 2009, פסטיבל טמפו 2010).

Andrew Beck Grace: *After the Storm*, 2015

Interactive documentary, 15 minutes

After the Storm is a unique interactive documentary essay that tells a first-person story of life in the wake of a massive natural disaster. Written as a letter to future disaster survivors, it is a universal story of survival, healing and resilience.

On the afternoon of April 27, 2011, a half-mile wide tornado plowed through the middle of Tuscaloosa, a small southern college town in central Alabama. It touched down about a quarter of a mile outside the city and mangled its way nearly six miles through the heart of town. A half-mile wide when it touched down, it got wider and eventually destroyed 4,700 homes, damaged thousands more, injured over 1,500 people, and took out scores of the city's businesses. Somehow, miraculously, it killed only 50 people. But when President Obama visited the city three days later, he said, "I've never seen destruction like this."

Yet as local filmmaker Andrew Beck Grace found out in the days after the storm, numbers, adjectives, and even images only go so far in describing what it means to wake up to discover your world completely rearranged.

After the Storm tells the story of what happens after the storm passes, after the media leaves town, and after the adrenaline subsides. This interactive essay is not so much about the how and why of the tornado the filmmaker lived through, but rather about that central question all of us face after living through something traumatic, namely: how do we make sense of it all?

After the Storm unfolds as an immersive, full-screen narrative that is propelled forward by user interaction. The main plot is driven by an intimate and direct voiceover that develops along a linear narrative, with smaller branching side plots providing context and additional information. The viewer is guided through the story by an intuitive navigation system that drives a richly textured collage of full-screen video, animation, music and voiceover to deliver a surprisingly tactile and emotional experience.

Co-created by Grace and the Helios Design Labs of Toronto, the piece was developed over the course of a year through a unique collaboration between filmmaker and designers. The goal was to communicate an intimate and personal experience for the viewers by enabling them to explore an immersive and tactile landscape. Each element of the script was deconstructed by the team and rebuilt to satisfy the narrative and aesthetic goals of each story beat. This led to a process the team referred to as "just-in-time filmmaking," where, after a conversation about potential images and footage that might work for a specific scene, Grace would then go and shoot that scene in a temporary way, often using his iPhone. The design team would then work with this scratch footage before deciding how to proceed. The process allowed for constant experimentation and rapid collaboration, which ultimately led to a unique finished product.

Writer, director and producer: Andrew Beck Grace
Creative director: Alex Wittholz
Creative technologist: Mike Robbins
Lead programmer: Daniel Sundy
Animation: Matt Brushett
Developers: Lain Campbell, Adrian Dávila-Zúñiga
Producer: Heather Grieve
Supervising producer: Cathy Fischer
Executive producers: Sally Jo Fifer, Lois Vossen

Andrew Beck Grace is a nonfiction filmmaker based in Alabama. His work has appeared in *The New York Times*, *The Washington Post*, and on PBS's Independent Lens. His ITVS-funded film *Eating Alabama* (2012) premiered at SXSW, was screened in over 40 festivals worldwide, and was awarded the Best Documentary award by the James Beard Foundation. His short film *A Call from Selma* (2015) was published by *The New York Times* as part of its Op-Docs series, and his interactive doc *After the Storm* (2015, a co-production of ITVS, PBS, and *The Washington Post*) was selected for the Sheffield Doc Fest and DOK Leipzig; it was recently featured at the Magnum Foundation's "Photography, Expanded" symposium. He directs the Program for Nonfiction Storytelling at the University of Alabama.

תסריט, בימוי והפקה: אנדרו בק גרייס
ניהול אמנותי: אלכס וויטהולץ
טכנולוגיה: מייק רובינס
מתכנת ראשי: דאינל סנדי
אנימציה: מאט ברושט
פיתוח: ליין קמבל, אדריאן דאווילה־זוניגה
הפקה: הת'ר גריב
ניהול הפקה: קאתי פישר
הפקה בפועל: סאלי־ג'ו פיפר, לואיס ווסן

אנדרו בק גרייס הוא יוצר סרטי רשת ונוטיפיקציות הפועל באלבמה. עבודותיו נסקרו והוצגו *בניו־יורק טיימס*, *בוושינגטון פוסט* וברשת השידור הציבורית PBS בארה"ב. סרטו *לאכול את אלבמה* (2012, במימון ITVS) הוצג בפסטיבל SXSW (South by Southwest) ובעוד כארבעים פסטיבלים ברחבי העולם וזכה בתואר סרט התעודה הטוב ביותר של קרן ג'יימס בירד (Beard). סרטו הקצר *טלפון מסֻלמה* (2015) התקבל לסדרת ה-Op-Docs (סרטי תעודה אינטראקטיביים) של *הניו־יורק טיימס*, ו*אחרי הסערה* (2015, הפקה משותפת של *וושינגטון פוסט*, ITVS ו-PBS) הוצג בפסטיבלים של שפילד ולייפציג ובכנס על צילום של מכון מגנום. גרייס עומד בראש "התוכנית לסיפורי נוטיפיקציות" באוניברסיטת אלבמה.

אנדרו בק גרייס: *אחרי הסערה*, 2015

סרט תעודה אינטראקטיבי, 15 דקות

אחרי הסערה הוא סרט תעודה אינטראקטיבי ייחודי, מסה מצולמת המספרת, בגוף ראשון, את סיפורו של ניצול לאחר אסון טבע קשה. זהו סיפור אוניברסלי של הישרדות, שיקום וחוסן, המעוצב כמכתב לניצולי אסון עתידי.

בשעת אחר-הצהריים של ה-27 באפריל 2011, סופת טורנדו ברוחב 800 מטרים ביתרה את את מרכז טוסקלוסה (Tuscaloosa), עיירת קולג' דרומית קטנה במרכז אלבמה, והותירה אחריה שובל ארוך של הרס. הסופה נגעה בקרקע בשולי העיר ופילסה את דרכה לאורך כעשרה קילומטרים במרכזה. במהלך מעברה בעיר הלכה הסופה והתרחבה. היא החריבה 4,700 בתים, גרמה נזקים לאלפים נוספים, פצעה יותר מ-1,500 בני אדם ופגעה קשות בעסקים הפועלים בסביבה. בדרך נס, רק חמישה אנשים מצאו את מותם. כשהנשיא אובמה ביקר בעיר כעבור שלושה ימים, הוא אמר שמעולם לא ראה הרס כזה.

אנדרו בק גרייס, קולנוען מקומי, גילה באותם שלושה ימים שמְספרים, שמות תואר ואפילו דימויים אינם מגרדים את אפס קצהָ של חוויית האסון, את הרגשתו של אדם שמתעורר יום אחד ומגלה שכל עולמו ושִגרת חייו נטרפו כליל. *אחרי הסערה* מתמקד במה שקורה "אחרי השיא", לאחר שצוותי החדשות הסתלקו מן המקום והאדרנלין שכך. מסה אינטראקטיבית זו לא עוסקת בחוויית הטורנדו עצמה, אלא בשאלה המרכזית שטורדת כל מי שחווה טראומה: כיצד עושים מכל זה משהו מתקבל על הדעת?

אחרי הסערה נגלל כנראטיב סוחף על מסך מלא, שתנועתו ניזונה מאינטראקציה עם המשתמשים. מן העלילה המרכזית הליניארית, המסופרת בקריינות ישירה ואינטימית, מסתעפות עלילות צדדיות קטנות, המספקות הקשר ועיבוי של מידע. הצופה משתתף במתרחש תוך הפעלת מערכת ניווט אינטואיטיבית, ליצירת קולאז' מרובד ועשיר של וידיאו, אנימציה, מוזיקה וקריינות המסתכם בחוויה מוחשית ומרגשת במפתיע.

העבודה פותחה במשך שנה בשיתוף פעולה ייחודי בין גרייס ומעצבי מעבדת הליוס בטורונטו. המטרה היתה להעניק לצופים חוויה אישית ואינטימית באמצעות חדירה פעילה לנופים מוחשיים וטקטיליים. כל אלמנט בתסריט פורק ונבנה מחדש כדי למקסם את האימפקט האסתטי של כל פעימה סיפורית. תהליך העבודה שהתגבש בתוך כך תואר על-ידי הצוות כ"קולנוע בזמן אמת": לאחר בחינה של דימויים וחומרי גלם פוטנציאליים שעשויים "לעבוד" בסצנה מסוימת, גרייס יוצא לשטח ומצלם סקיצה של הסצנה, לעתים ב-iPhone שלו. צוות העיצוב מעבד את החומרים הגולמיים הללו, ורק אז מחליטים איך להמשיך. השיטה מאפשרת עבודה תהליכית ונסיונית של שיתוף פעולה זריז, שמסתכמת בתוצר סופי ייחודי.

סנטוש גאג׳ורל (משמאל; צילום: וויליאם בריאנד)

אתה מרגיש שהאווירה בבית שלך השתנתה מאז? שמצב הרוח של ההורים השתנה?

לא הרגשתי שום שינוי אצל ההורים שלי.

הרגשת בשינוי כלשהו בכפר שלך? כשאתה מסתובב בכפר, אתה רואה משהו שהשתנה?

כן, אני רואה כמה דברים שהשתנו. לפני רעידת האדמה, אנשי הכפר עבדו בבית שלהם וביצעו את העבודות בזמן, אבל עכשיו כמה מהם מפחדים, הם שותים אלכוהול כל היום, מעשנים, משחקים קלפים, אין להם שום סדר. קודם הם לא היו ככה. עכשיו כמה מהם אומרים "אנחנו הולכים למות, אין לנו שום תקווה בחיים שלנו, איבדנו הכל, אין לנו פה כלום". חלק ככה חושבים. זה מה שאני רואה שהשתנה.

מה החלום שלך לעתיד?

שכולם יבנו בתים חזקים, לא כאלה שעשויים מבוץ ויכולים ליפול, ושכולם יהיו בטוחים.

ומה החלום האישי שלך? מה אתה רוצה להיות כשתגדל?

בעתיד אני מתכוון לבנות בית חזק שיעמוד בכל רעידת אדמה, ואני רוצה לעבוד למען החברה.

למען החברה? מה הכוונה?

במקום שבו אני גר, אני גר ממש מעל קהילת הטאמאנג [קבוצה אתנית ממעמד נמוך בנפאל]: הם לא מבינים דברים, ואני רוצה לשנות את המחשבה שלהם.

מה לא בסדר בהם?

אין להם חינוך. אני רוצה לשנות את זה, לגרום להם להיות חיוביים.

מאיפה קיבלת את הרעיון הזה?

פשוט הקשבתי לשיחות שלהם כשהם דיברו.

תרצה להגיד עוד משהו?

לא...

תודה רבה רבה. אתה ילד חכם כל כך, מרשים כל כך.

תודה לך.

על הפרויקט *סיפורים שקולם לא נשמע* ראו עמ' 209.

הכרת את קרובי המשפחה שנהרגו? הייתם קרובים?

כן. הייתי הולך לבקר אותם בקטמנדו. הכרתי אותם טוב מאוד.

מה קרה להם? הבית קרס כשהם היו בפנים?

כן.

מאז רעידת האדמה אתה מרגיש עצב? השנה הזאת היתה קשה לך?

לפני רעידת האדמה לא היו לנו שום בעיות. היה לי מזל, קיבלתי את כל הבגדים שהייתי צריך, את כל האוכל שהייתי צריך. אבל אחרי רעידת האדמה הכל התמוטט והידרדר. לפני כמה ימים היה פה גשם חזק מאוד ורוחות חזקות, והבית הזמני שלנו ניזוק מאוד והיינו חייבים לבנות אותו מחדש, שוב. החיים שלנו הרבה יותר קשים משהיו קודם.

מה קורה לבית שלך כשיורד גשם חזק?

כל הדברים נרטבים. הגג פשוט עף ברוח והיינו צריכים לבנות אותו מחדש.

האם הפסקת ללכת לבית ספר אחרי רעידת האדמה?

בית הספר היה סגור למשך חודש כי כמה מהתלמידים נהרגו. הם סגרו אותו מתוך הזדהות וכבוד להרוגים. אחרי חודש הם פתחו שוב, ולאט לאט חזרנו ללמוד באופן נורמלי.

מה היה הקשר שלך לילדים האלה?

היינו קרובים, חמישה מהם היו בכיתה שלי. בסך הכל נהרגו 11 ילדים. היינו קרובים, הם היו חברים טובים שלי.

חיי היומיום בבית ספר השתנו מאז רעידת האדמה?

זה די שונה, המורים השתנו. הם לא מלמדים טוב כמו קודם. הם לא מעוניינים... אולי אין להם מוטיבציה.

אתה אוהב ללכת לבית ספר?

כן.

למה? מה אתה אוהב שם? נסה לתאר לנו איך אתה מרגיש בבית ספר.

אני מקבל הזדמנות ללמוד דברים. אני שמח כשאני משחק עם החברים שלי, ואני מרגיש שאני מקבל הזדמנות ללמוד מהם. כשאני בבית ספר אני מעביר את הזמן בשמחה.

מה המקצוע האהוב עליך?

אנגלית...

וכמה רחוק בית הספר מהבית?

הליכה של שעה.

כל יום אתה הולך ברגל שעה לכל כיוון? הלוך וחזור?

כן.

ומה קורה אם יורד גשם?

אם יורד גשם, אז אני מחכה בבית ספר... ואם זה ממש גשם כבד, אני רץ חזרה הביתה.

גם בית הספר עצמו נפגע ברעידה?

הוא לא התמוטט אבל נסדק בצורה רצינית. אחרי רעידת האדמה בנו שתי כיתות זמניות מבמבוקים ופח, ושם אנחנו לומדים היום. בקביל בונים מחדש גם את הבניינים הישנים, עם בטון.

מאז רעידת האדמה הגדולה היו עוד הרבה רעידות קטנות, ואפילו אחת ממש כאן, אתמול בבוקר. מה אתה מרגיש כשהאדמה שוב רועדת?

כשאני לבד אני ממש מפוחד, אבל כשאני עם חבר אנחנו פשוט עושים מזה צחוק, עושים מזה כיף.

"איבדנו הכל. עכשיו אנחנו מאושרים"

ראיון עם סנטוש גאג'ורל בן ה-12 בכפר טאקורה
שבמחוז סינדהופלצ'וק, נפאל, 2016

נטע קינד-לרר

סנטוש, תוכל לתאר מה קרה בבית שלך ביום ההוא של רעידת האדמה לפני שנה?

הייתי מחוץ לבית, שיחקתי. סבתא היתה בתוך הבית. הרגשתי מוזר, מבולבל: מה אני צריך לעשות? רציתי להיכנס פנימה לראות מה איתה. ההורים שלי עבדו בשדה מחוץ לבית. הלכתי לקרוא להם והם הגיעו. ראינו שהפרות, הבאפלו שלנו, הכל קבור תחת הריסות הבית, הכל התמוטט. אחרי זה בנינו בית זמני, ועכשיו אנחנו מאושרים.

הבית הזה הוא לא כמו הבית שהיה לכם קודם. זה בית קטן.

הבית עשוי מפח ובמבוקים. זה בית קטן, בית זמני.

המשפחה שלך רוצה לבנות בית כמו שהיה לכם קודם?

לא.

הם רוצים להשאיר אותו כך?

כן.

ואיך החיים בבית הזמני שונים מהחיים בבית הישן? הוא לא טוב כמו הבית הקודם...

בבית הישן שלי היה לנו מקום לישון, היה לנו הכל. עכשיו הכל נרטב כשיורד גשם. אין לנו מקום לשים את הדברים שלנו, את הגידולים והתבואה שלנו, אורז, תירס. להורים שלי יש כרגע בעיה של כסף. הם רוצים לבנות את הבית החדש יום אחד, יש להם תוכנית, אבל כרגע הם לא יכולים. ואנחנו מאושרים בבית הזמני שלנו.

במה ההורים שלך עוסקים?

אמא שלי מורה ואבא שלי חקלאי.

והאם רעידת האדמה פגעה בפרנסה של אבא?

כן. הורי מגדלים את הגידולים שלהם בעצמם, אבל הכל נקבר תחת הבית שנהרס. אז עכשיו הם מחפשים שדה אחר לקנות.

אתה מרגיש שיש עכשיו מחסור באוכל?

בימים אלה הכל טוב, הכל בסדר.

קודם לכן הרגשת פעם מחסור כלשהו? לא היה לכם מספיק אוכל?

לפני כמה חודשים, לא היה בבית שלי כלום. ארגון כלשהו תמך בנו באוכל ובבגדים, אבל עכשיו אנחנו מנסים להסתדר בכוחות עצמנו.

תוכל לספר לי מה הרגשת במהלך רעידת האדמה? מה עבר עליך, בלב שלך?

הייתי מפוחד כל כך כשזה קרה. שאלתי את עצמי איפה אנחנו הולכים לגור, מה יישאר לנו, איזה רכוש... בן-רגע, יום אחד, פשוט לא היה לנו דבר. התחלנו לחפש ברזנטים כדי לבנות בית זמני, שלפחות יהיה לנו איפה לישון. הייתי שואל את עצמי מה נאכל, איפה נגור. אלה הדברים שעברו לי בראש, בעיקר.

והמשפחה שלך, ההורים שלך היו מודאגים? מפוחדים?

כן, כולם מודאגים מרעידת האדמה. אחד הדודים שלי מצד אמא נהרג ברעש בקטמנדו. שלושה או ארבעה אנשים מהמשפחה שלי מתו.

ויוצרים המחשה מעמיקה ומורכבת, יש כמובן מקום חשוב בקאנון של מְספרי-הסיפורים – אך סרטי התעודה האינטראקטיביים מציעים אפשרויות מסוג חדש. בכך שהם מעמידים תשתית תהליכית המאפשרת לקהילה לספר את סיפורה, ובכך שהם מכוננים קהילות ורשתות, הסרטים הללו יוצרים מרחב של ידע, משאבים וחוויות משותפות, ומקום למציאת פתרונות. המטא-נראטיב הזה, המורכב מריבוי של מיקרו-סיפורים, מיטיב לייצג את החוויה הקהילתית ולא-פעם מצליח לחולל תמורה מהותית ולהפוך סיפורים של קורבנות לסיפורים של חוסן, שיקום והעֲצמה.

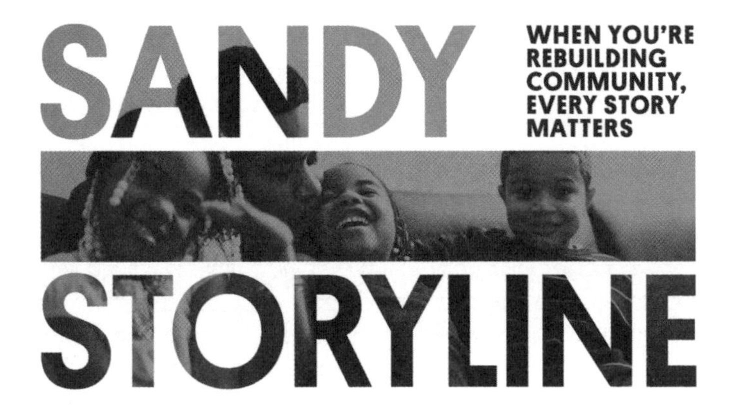

© Matt Richter / Sandy Storyline

שרה וולוזין מנהלת את מעבדת התיעוד הפתוחה ב-MIT. היא חברה מייסדת של *Immerse*, כתב־עת מקוון על צורות תיעוד חדשות, ומייסדת ועורכת ראשית של *Docubase* – מסד־נתונים מקוון של האנשים, הפרויקטים והטכנולוגיות המביאים לשינוי המדיום התיעודי בעידן הדיגיטלי. היא מְחברת שותפה של הדו"ח "מיפוי בצומת של שתי תרבויות: סרטי תעודה אינטראקטיביים ועיתונות דיגיטלית", והיתה חברה בוועדות שיפוט של פסטיבלים רבים, לרבות New Frontier של סנדנס, קרן הניו־מדיה של פסטיבל טרייבקה, ו-World Press Photo.

חדש העוסק בדרכי הישרדות מופץ במגוון רשתות במשך 42 ימים, ליצירת תמונה רחבה של "יחידים, קהילות ומדינות ברחבי העולם, המְפתחים חוסן ודרכי הישרדות בנוף של שינויי אקלים ותמורות חברתיות, כלכליות ותרבותיות".[8] באמצעות שיתוף של סיפורי היערכוּת מעין אלה, הסרט התיעודי הופך למסד-נתונים נגיש ועמיד של דרכי הישרדות.

הדים של צונאמי הוא סרט תעודה אינטראקטיבי מדיטטיבי, העושה שימוש במגוון אמצעים לסיפור אירועי היום שבו היכה הצונאמי בחופי האוקיינוס ההודי. בין החומרים הכלולים בו אפשר לראות סרטים שהופקו על-ידי אנשי מקצוע, לצפות בעדויות ווידיאו של ניצוֹלים, ללמוד על התגובה של ארגוני סיוע כמו "פעולה נגד רעב", ובעיקר לעצום עיניים ולהקשיב לצלילי הצונאמי הטורדים מנוחה. *הדים של צונאמי* הוא בעת ובעונה אחת ארכיון, יד זיכרון וביטוי אישי של זכרונות האימה, שתוך כדי כך גם מציע פתרונות להתאוששות והחלמה.

סיפורי החלמה הוא סרט תעודה אינטראקטיבי אחר, המציג סיפורי הישרדות. סיפורים אלה הופקו אמנם בשיטות קולנועיות מקובלות, אך המשתמשים מוזמנים לבחור כיצד לנווט ביניהם, אם לצפות בסיפור אחד או ברבים, בנקודת זמן אחת או בזמנים שונים.

שלא כמו ב-*Sandy Storyline*, פלטפורמת הסיפורים *Cowbird*, שיצר האמן ג'ונתן האריס (Harris), אינה מתמקדת באירוע אחד אלא מבקשת להקים "ספרייה ציבורית של חוויות אנושיות".[9] הסיפורים שמוגשים לספרייה מוצגים בה, מכונסים בארכיון וממוינים לפי מפתחות של נושא, פופולריות, כרונולוגיה וכיוצא באלה. כיום יש בה כ-90 אלף סיפורים מ-187 ארצות, והיא היתה למארג עשיר של חוויות אנושיות, לרבות כאלו שנגרמו על-ידי אסונות טבע.[10] האריס הוא אמן דיגיטליה, שיוצר המחשות חזותיות מהפנטות ונראטיבים המבוססים על נתונים שאסף ברשת ומחוצה לה. כמו המפיקים של *Sandy Storyline*, גם הוא מבקש ליצור הליך ופלטפורמה שיאפשרו לאחרים לספר את סיפוריהם.

מנדי רוז מפנה אותנו להיסטוריה הארוכה של עשיית אמנות מסוג זה, באִזכּור מאמרו של ולטר בנימין "המְחבר כיצרן", שנכתב בשנות ה-30 למאה ה-20.[11] בנימין בוחן את האופציות העומדות בפני אמן מרקסיסט, מבחין בין ביטוי עצמי לבין עבודה המכוננת פלטפורמה, וטוען שמשימתו של האמן המעורב היא התאמת "אמצעי הייצור" לשירות הפועלים. "מנגנון זה ילך וישתפר", הוא ממשיך, "ככל שיותר צרכנים ייחשפו בו לתהליך הייצור – ובקצרה, ככל שיותר קוראים או צופים יהפכו למשתתפים".[12]

בהקמת מרחב שבו קהילות מוזמנות לספר את סיפוריהן, משימתו של המְחבר היא העֲמדת אמצעים ולא ביטוי עצמי. גישה זו של סיפור-סיפורים מלמטה-למעלה מסתכמת בהרבה יותר מתיעוד גרידא, שכן היא-עצמה נעשית חלק מהפתרון. היא מאפשרת לאנשים ולקהילות לעצב את הנראטיבים שלהם, לייצג את עצמם, לקחת חלק במעשה הקתרטי של הסיפר, של יצירת רשתות תקשורת ושל כינון קהילה. כך נוצרת הבנה משותפת של המתרחש ומוקם אתר לפתרון בעיות. תהליך התיעוד האינטראקטיבי וההשתתפותי כשלעצמו נעשה מקפצה להתאוששות מאסון, כאשר הסיפורים השיתופיים תורמים לשיקום.

ליצירת סרטי התעודה הללו נדרשים מיומנויות ומניעים שונים מאלה הנחוצים לסרט הליניארי. לסרטים תיעודיים של יוצרים דומיננטיים, המסופרים להפליא על-ידי מְחברם

8 http://disaster-resilience.com

9 ראו: http://cowbird.com/about

10 שם.

11 Walter Benjamin, "The Author as Producer," *Understanding Brecht* (London & New York: New Left Books, 1977), pp. 85-105; ראו אצל רוז, לעיל הערה 4, שם עמ' 207.

12 בנימין, שם, עמ' 98.

תכונת מפתח נוספת של סרטי תעודה אינטראקטיביים היא שיתופם הפעיל של הצופים ברמת התוכן. בהרצאת TED ב-2009 דיברה הסופרת הניגרית צ׳יממנדה נגוזי אדיצ׳יה (Adichie) על ״סכנת הסיפור האחד״.[3] אדיצ׳יה התייחסה אמנם לדומיננטיות של נקודת המבט המערבית, אבל אפשר לייחס את הטיעון שלה גם לתיאורי מקום ככלל, המסופרים על פי רוב על-ידי המחזיקים בעמדות הכוח ומנקודת מבטם המצמצמת. סיפורים על אסונות טבע מסופרים בדרך כלל על-ידי מְספר ״חיצוני״ המתבונן ״פנימה״. סיפור-סיפורים השתתפותי מציע שיטה אחרת, וקטור הנשלח מלמטה למעלה. שיטה זו תורמת להעצמת היחיד ומבטיחה ריבוי של מיקרו-סיפורים, שמגדירים מחדש את נראטיב-העל המחניק של הקורבנוּת.

ג׳ייסון הדלי (Headly) הוא עורך התסריט של *Hollow* – סרט תעודה אינטראקטיבי והשתתפותי על מחוז קטן בווירג׳יניה המערבית, המתואר במדיה כעני ומדורדר.[4] הדלי מסביר את המניע ליצירת *Hollow* במילים אלו: ״רוב הדעות על המדינה שלנו מבוססות על גורמים חיצוניים המסתכלים פנימה. פרויקט זה נותן לנו הזדמנות לעשות בדיוק את ההפך: לאפשר לאנשים לראות את וירג׳יניה המערבית מנקודת המבט של האנשים החיים בה״.[5]

Sandy Storyline – סרט תעודה השתתפותי על הוריקן סנדי, שפגעה בחוף המזרחי של ארצות-הברית באוקטובר 2012 – נולד מתשוקת המפיקים לספר את הסיפור מנקודת מבט קהילתית. הם יצרו פלטפורמה והליכים שאיפשרו לתושבים לשתף את חוויותיהם, לספר את סיפוריהם האישיים ולהקשיב לאחרים. בכוחם של פרויקטים שיתופיים מסוג זה להפגיש קהילות ולבנות רשתות של אנשים, שחולקים חוויות או תחומי עניין דומים. כדברי המפיקים, ״הסרט *Sandy Storyline* מעודד אנשים לשתף את החוויות והחזונות שלהם. בתוך כך נוצר סיפור מבוּסס-קהילה על הסופה וההרס שהותירה אחריה, שמטרתו לכונן עתיד צודק יותר ובר-קיימא. *Sandy Storyline* כולל חומרי אודיו, וידיאו, צילום ומלל שתרמו התושבים, עיתונאים מקומיים ומפיקים מקצועיים״.[6] בסדנאות שערך צוות *Sandy Storyline* בשכונות שנפגעו על-ידי הסופה, למדו התושבים כיצד להשתמש בציוד ליצירת סיפורים, שכוחם נובע לא רק ממי שמספר אותם אלא גם מהאופן שבו הם מסופרים.

אפשר לחשוב על *Sandy Storyline*, במונחים שטבעה מנדי רוז, גם כ-DIWO (Do-It-With-Others) – עשה זאת עם אחרים, בניגוד ל-DIY, עשה זאת בעצמך.[7] מפיקים מקצועיים עובדים לצד המשתתפים ליצירת השיטות שבאמצעותן יספרו את סיפוריהם. DIY היא אמנם פרקטיקה חברתית חשובה, אבל שיטות DIWO מצליחות להכניס אנשים רבים יותר למעגל מְספרי-הסיפורים. בעזרתן, כל מי שרוצה לספר סיפור יכול לעשות זאת. בפלטפורמת *Sandy Storyline* אפשר למצוא כיום מאות סיפורים. כאמצעי הנותן קול לקולקטיב שלם, חוויית האירוע העולה ממנה עמוקה בהרבה מזו שמעבירים מִשדרי החדשות הרגילים. סיפורי הכאב, ההתגברות והשיקום ממשיכים להיגלל הרבה אחרי שהסערה חלפה וצוותי החדשות עזבו למקום אחר. הם קיימים ונוכחים כל עוד אתר האינטרנט הזה פעיל, כסוגה חדשה של כתיבה על אסון, שלא חותמת את הסיפור בנקודת ההתחלה.

סרט התעודה האינטראקטיבי *יומן היערכות לאסון* מציג מגוון של סיפורים, שיצרו המְחברים לצד משתמשים-משתתפים המוזמנים להציג סיפורים משל עצמם. כל טקסט

3 ראו: www.ted.com/talks/chimamanda_adichie_the_dange_of_a_single_story

4 ג׳ייסון הדלי מצוטט אצל: Mandy Rose, "Making Publics: Documentary as Do-it-with-Others Citizenship," in: Matt Ratto and Megan Boler (eds.), *DIY Citizenship: Critical Making and Social Media* (Cambridge, MA: MIT Press, 2013), pp. 201-212

5 שם, עמ׳ 203.

6 www.sandystoryline.com/about

7 רוז, לעיל הערה 4, שם עמ׳ 203.

סיפור-סיפורים כביטוי של חוסן

שרה וולוזין

במרוצת העשור האחרון, תנועה קטנה של פורצי דרך החלה להתנסות בצורות ובתהליכים חדשים של תיעוד תוך יישום טכנולוגיות מתקדמות ומשתנות כמו האינטרנט, טלפונים סלולריים, מחשבי לוח ומציאות רבודה.[1] פורצי דרך אלה באים ממגוון תחומים ודיסציפלינות – מן האמנויות, העיתונות והמדע ומעיצוב משחקי רשת. בעבודה עם מְפתחי קוד ומעצבים, הם יוצרים סרטי תעודה אינטראקטיביים והשתתפותיים מבוססי-מקום, שעושים שימוש מיטבי בשלל האפשרויות שמציעות הטכנולוגיות החדשניות הללו.

בהקשר של תיעוד אסונות טבע, המניעים שלהם לא שונים מאלה של דוקומנטריסטים מכל סוג שהוא: להתוודע לסיפורים שלא סופרו, לתת קול לאנשים שחוו את האירועים ממקור ראשון, לרדת לחקר האמת. כמי שנכנסים לפעולה ברגע שצוותי החדשות עוזבים את הזירה, הם עושים שימוש בטכנולוגיות חדשות כדי להתעדכן באופנים עכשוויים של סיפור-סיפורים וצריכתם באינטרנט ובטלפונים סלולריים, וכדי להפיק את המיטב מן האמצעים המשמשים כיום בתקשורת בין אנשים, ביצירה ובהפצה של תוכן. הם מְספרים את סיפוריהם בשיתוף עם המושאים שלהם ולא עליהם, ובתוך כך יוצרים הליכים של סיפור קהילתי או השתתפותי. הליכים אלה משמעותיים אולי לא פחות מן התוצר הסופי, שכן הם נושאים את הפרויקט קדימה הרבה אחרי שה"מְחבר" פנה לדרכו. שלא כמו אחיהם הליניאריים, פרויקטים תיעודיים אלה לא רק מְספרים סיפורים, אלא גם נעשים כלים של סיפור-סיפורים, כינון קהילות וטיפוח שינוי.

סנדרה גאודנזי וג'ודית אסטון מגדירות סרטי תעודה אינטראקטיביים כ"כל פרויקט שכוונתו לתעד את 'המציאות' ועושה זאת תוך שימוש בטכנולוגיה דיגיטלית אינטראקטיבית. [...] הפרויקטים הללו נפגשים על קו התפר בין טכנולוגיה דיגיטלית אינטראקטיבית לבין הפרקטיקה התיעודית. כאשר אלו משלבות ידיים, הצרכנים הופכים לסוכנים פעילים הלוקחים חלק בסרט התיעודי, כך שהעבודה נגללת קדימה באמצעות ומתוך פעולת הגומלין שלהם ולעתים גם בזכות התכנים שהם מביאים".[2]

הסרט התיעודי *אחרי הסערה*, המוצג בתערוכה, הוא דוגמא קולנועית עשויה היטב, אישית ומעמיקה לעבודה אינטראקטיבית "רכה". הסרט, הבנוי כסיפור ליניארי מנקודת מבט של ניצוֹל סערה, פונה לניצוֹלי סערה עתידיים ומוליך אותם במיומנות וברגישות בנבכי החוויה האישית של המְספר. בו-בזמן, לאורך הסיפור, הוא מעניק לצופיו מרחב פעולה ומאפשר להם לבחור אם להרהר ולהשתהות במקום אחד או לדלג על קטעים במקום אחר. אפשר "להקליק" כדי לראות תצלומים נוספים, לעלעל באלבום תמונות או להקשיב לחזאי מקומי, לבחור בין המיידיות של המצלמה, הנוסטלגיה של האלבום או הסמכותיות של התחזית. האמצעים הטכניים מאפשרים לצופים להעמיק בנקודות שמעניינות אותם, להריץ קדימה קטעים אחרים או לצפות בסיפור בלי להקליק אפילו פעם אחת. התוצאה היא חוויה פעילה, המעצימה את משתמשיה בבחירות עצמאיות המובילות לחקירה תוכנית מעמיקה ואישית יותר, כאשר בתוך כך הם רוכשים ידע חיוני ופעיל יותר להתמודדות עם סופה עתידית.

[1] לאסופה של פרויקטים כאלה, ראו: www.docubase.mit.edu

[2] Sandra Gaudenzi and Judith Aston, "Interactive Documentary: Setting the Field," *Studies in Documentary Film*, 6:2 (2012), pp. 125-139

מְספרי-סיפורים

המתח בין המצב בשטח לבין תקן המינימום (שקבע הצלב האדום הבינלאומי) – 3.5 מטרים רבועים לאדם בחישוב שטח המחסה[10] – הוא עיקר העניין. המִפנה מקבלת החלטות ריכוזית (בהנחה שמקבלי ההחלטות "מלמעלה" יודעים טוב מאחרים כיצד לדאוג לצורכי הקהילה בשעת חירום) לתפיסה פתוחה יותר, מאלתרת ומסתגלת, המשאירה בידי הקהילה את הגדרת צרכיה הייחודיים ואת ניהולם, מצמיח מערך שלם של חוזקות קהילתיות. גמישות הפעולה, העצמאות ולעתים גם הביטחון שנגזר מהתפקוד היעיל במצבים קיצוניים, תורמים לפיתוח פרקטיקות וכלים מסוג שונה, להתמודדות "מלמטה" עם מצבי קיצון ולהצלחת השיקום לטווח רחוק.

מאיה ויניצקי, אוצרת משנה במחלקה לעיצוב ואדריכלות, היא מרצה במחלקה לעיצוב תעשייתי באקדמיה לאמנות ועיצוב בצלאל בירושלים, וחברה בקבוצת המחקר RDFD (Relevant Design for Disaster) - עיצוב יישומי לסביבות אסון.

10 ראו: The International Federation of Red Cross and Red Crescent Societies (IFRC), *Minimum Standards in Shelter*, Settlement and Non-Food Items, May 2012; www.ifrc.org/PageFiles

מאז האסון; הלקחים שאפשר להפיק מכל אלה, אולי כמכתב לניצול עתידי ששולח מי שחווה זאת על בשרו – אלה ואחרים מקימים לתחייה פרקטיקת על-פה של מְספרי-סיפורים קהילתיים, שבכוחה להעלות את המודעות ולסייע (ולו במעט) במהלך ההתמודדות.

סיפורים שקולם לא נשמע [עמ' 227]

אחרי הסערה [עמ' 223]

DIY (עשה זאת בעצמך)

"עשה זאת בעצמך" היא אולי ההתנהלות העצמית המוּכרת ביותר, המוטמעת זה עשורים באופני ההרכבה של רהיטים ואבזרי עיצוב בבית. רבים התנסו בשיטה של חברות כמו איקאה, שאת מוצריהן (מיטה, שידה, ארון) מרכיבים לבד בבית מול חוברות תרשימים, המסבירות את התהליך שלב אחר שלב. בהעברת תהליך ההרכבה הפיזי לצרכן, חוסכות חברות אלו את הוצאות ההרכבה – והצרכן, מנגד, זוכה לעתים בתחושה מסוימת של סיפוק ושיתוף. בעקיפין, שיטות DIY מטפחות ומעודדות מיומנות טכנית ולעתים גם עיצובית.

אינספור פרויקטים מסוג זה מציפים לאחרונה את תחומי ההתמודדות עם אסונות טבע: מבנים קלים הנשלחים לאזורי אסון להרכבה עצמאית על-ידי הדיירים, גמישים דיים כדי לאפשר את בחירת הגודל המתאים, מידת הבידוד ואופן הקמת הקירות; לבני בוץ הנכבשות ידנית בהדרכת מתנדבים, תוך שימוש באדמת המקום במקרים של מחסור בחומרי גלם; לוחות קלי-משקל מפלסטיק מוקצף, המאפשרים הקמה פשוטה של מחסות לשעת חירום; או אתרי אינטרנט המציעים למתעניינים הוראות לתיקון, הרכבה או בנייה של מה שלא יהיה. דוגמאות אלו, כמו רבות אחרות, מאפשרות לנצל את הידע הטכני ואת חוכמת הידיים של הנמענים תוך חיזוק תחושת העצמאות והזיקה לתוצר.

אימפקט־נפאל [עמ' 177]

Better Shelter [עמ' 155]

8 ראו: Edson C. Tandoc and Bruno Takahashi, "Log-In if You Survived: Collective Coping on Social Media in the Aftermath of Typhoon Haiyan in the Philippines," *New Media and Society* (2016)

9 לאיתור פרויקטים של מְספרי־סיפורים, אפשר לחפש ברשת על פי מילות המפתח "community" ו-"participatory"; ראו: http://docubase.mit.edu

כיום עומדים לרשותנו אתרים ואפליקציות מסוגים שונים, המאפשרים לדווח, לצלם ולהפיץ מידע ברשתות החברתיות המוכרות לכל. פעילות יומיומית שכמעט כל אחד מאתנו סיגל לעצמו, מיושמת בטבעיות גם במהלך התרחשותם של אסונות טבע. כך למשל, בלא מעט דיווחים מן השטח במקרי אסון, נצפו תושבים שבמקום להתפנות טיפסו לעמדות צילום גבוהות ומוצלחות יותר כדי לתעד את מפלס המים העולה. הרשתות החברתיות התגלו כראשונות לדווח על אסונות ולהעביר הודעות חירום שונות, כאשר גורמים שונים ברשת מתחברים ביניהם באופן ספונטני ברגע האסון, ומהווים אמצעי מצוין להעברת מידע בקרב האוכלוסיות הנפגעות[6] ולשיקומן בהמשך הדרך.[7]

הרשתות החברתיות משמשות גם אנשים מאזורים אחרים ברחבי העולם, הלוקחים באמצעותן חלק במאמצי הסיוע תוך קישור בין קרובי משפחה וצוותי הצלה או סיוע שונים.[8] הטכנולוגיה החברתית פועלת במגוון דרכים אינסופי כמעט: כאפליקציה המזהה תנודת קרקע קיצונית ומתריעה על התרחשותה של רעידת אדמה; כצינור מידע המאפשר לבעלי טלפון חכם לדווח לחבריהם ברשת על רעידת אדמה; כ"ספסל חכם" המוקם בשטח פתוח ומאפשר לתושבי הסביבה לתפקד במצבים של ניתוק מרשת התשתיות (off-grid), להטעין מכשירים אלקטרוניים ולהצטייד במצרכים חיוניים; כאתר אינטרנט המאפשר למעוניינים להציע אירוח בבתיהם, ועוד. בכל המקרים שצוינו, אנשים נוהגים במצבי חירום ממש כדרכם בחיי היומיום, מעין נוהל שִׂגרה התורם להצלחתם בניהול האירועים.

Airbnb תגובה לאסון [עמ' 105]

MIT PREPHub [עמ' 109]

מספרי-סיפורים

הטלפון הנייד הוא כיום מעין תחנת מִמסר, שהמתחברים אליה לומדים על העולם והמתרחש בו ומפיצים מידע משלהם בדמות תצלומים, טקסטים, ביטוי רגשות וחברויות וירטואליות. עם המצלמה והמיקרופון הקבועים בו הפך הטלפון לעין רואה-כל המצויה-בכל, אמצעי של תיעוד עצמי וסביבתי בקבצי תמונות, וידיאו וסאונד. האמצעי הזמין הזה, שנעשה כלי בשימושם של יוצרי תעודה מנוסים, הפך רבים מאתנו לדוקומנטריסטים נסיוניים, המתעדים (בין השאר) את ההתמודדות עם אסונות טבע.[9] סרטונים עצמאיים שצולמו כמזכרת מכפר או מחוז שחרב; שיחות מוקלטות עם תושבים המספרים על חוויותיהם בעת רעידת האדמה; תיעוד המנוּסה, החורבן, ההתאוששות, השיקום והבינוי מחדש, לפעמים גם האופטימיות הזהירה שמורגשת

6 ראו: Hermann Szymczak, Pinar Kücükbalaban, Sandra Lemanski, Daniela Knuth, and Silke Schmidt, "OMG Earthquake! Can Twitter Improve Earthquake Response?" http://srl.geoscienceworld.org/content/81/2/246

7 ראו: www.balkanalysis.com/bosnia/2014/05/28/balkanfloods-online-the-impact-of-social-media-on-recent-reporting

בתכלית. אך כבר עכשיו אפשר לחלץ משדה ההתרחשויות העכשווי – בתחומי ההתארגנות וההיערכות המוקדמת של האוכלוסיה, ובהתמודדות המיידית וארוכת הטווח של קהילות עם אתגרי השיקום – כמה תימות מרכזיות, החותכות דרך מגוון התופעות ויש בהן כדי להצביע על המגמות השונות וכיווניהן: שיתוף ידע, טכנולוגיה חברתית, וגרסה מורחבת של "עשה זאת בעצמך". בין כל אלו אפשר לזהות עִדכון של פרקטיקה קהילתית ארכאית, זו של "מְספרי הסיפורים".

שיתוף ידע

באזורי אסון, לאחר רעידת אדמה למשל, אנחנו רגילים למצוא משרדי אדריכלים, מהנדסים או חברות בנייה, המתכננים ובונים מבני מגורים זמניים לתושבים שאיבדו את בתיהם. במקביל, השדה משתנה כיום כתוצאה מ"שיתוף ידע" – תופעה צוברת תאוצה, של העברת ידע מקצועי וטכני מאנשי מקצוע (מתחומים שונים) לשימוש עצמאי של האוכלוסיה. הוראות טכניות להפיכת פחית קוקה-קולה שנזרקה ברחוב לפתילייה לחימום מים; הסבר על מַחבר-עץ פשוט המקל על הרכבה של קירות מחסה; קורס מבוא אינטרנטי המעביר למתעניינים מידע מפורט על אופני הדלקת אש או בניית מחסה; סדנת עבודה ניידת על גלגלים, המגיעה עם ציוד כבד וצוות מלווה כדי לעזור למי שמבקשים לתקן בעצמם נזקים בסביבתם – דוגמאות מעין אלו משקפות מגמה של שינוי גישה בקרב אנשי המקצוע, שלוקחים צעד לאחור ומְפנים חלק ממרחב הפעולה לתושבים. יחידים וקהילות פועלים בשטח באופן עצמאי, בגיבוי ידע מוקדם או הכשרה בסיסית – בין אם כזו שנותנים אנשי מקצוע ובין אם כזו שמלקטים התושבים בעצמם, למשל באמצעי התקשורת האינטרנטיים.

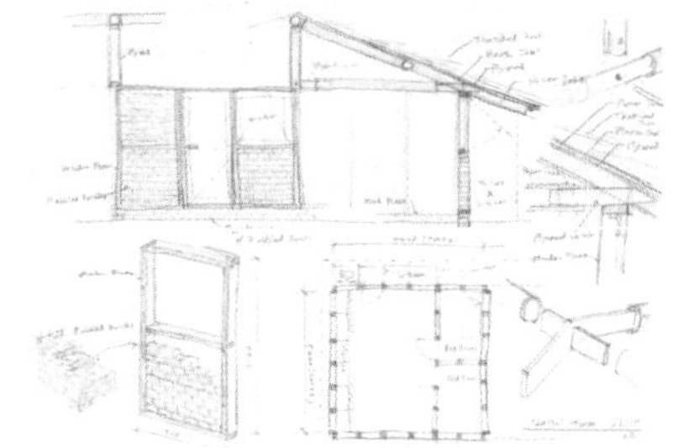

שיגרו באן [עמ' 37]

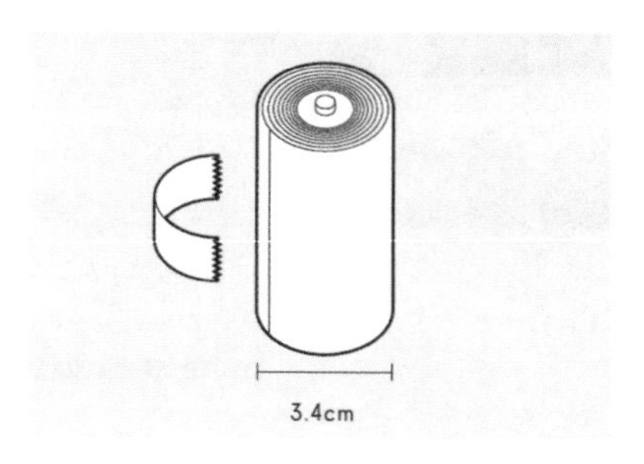

נוסיינר [עמ' 53]

טכנולוגיה חברתית

ההתפתחות הטכנולוגית של אמצעי התקשורת משפיעה כיום על כל ההיבטים של חיינו. אנחנו מוקפים ומוצפים במידע אינסופי והאינפורמציה צצה מכל עֵבר – עדכוני חדשות בטלפון הנייד, צפייה בטלוויזיה, גלישה באינטרנט. בכל הנוגע להתמודדות עם אסונות טבע, דומה שטכנולוגיית הרשתות החברתיות חוללה מהפכה של ממש. מה שנתפס פעם כאירועי קיצון המתרחשים במקומות רחוקים ושכוחי-אל וקורים לאנשים אחרים, התקרב אלינו לאין ערוך בעזרת מצלמת הטלפון הנייד ושיתוף הקבצים, המכניסים כל אחד מאתנו לבתי הניצוֹלים, מסיעים אותנו בחטף לאזורים מנותקים, ומאפשרים תקשורת בין-אישית מסוג חדש.

לוויינים או רחפנים כדימויים רבי-עוצמה. איתני הטבע כמו ארגנו סדר קרקעי חדש באזורים שנפגעו. אותן תופעות ממש מוגדרות כ"אסונות טבע" במקרים שבהם מעורבים בני אדם המתגוררים או שוהים במקום, ואז גם שבה ועולה לסדר היום הדאגה המיידית לצורכי הקיום של האוכלוסיות הנפגעות ולשיקומם בעתיד.

מוסדות הצלה מקומיים ובינלאומיים מתארגנים ומתאמנים מראש, מעשה שגרה, לקראת היקרות עתידית של אסון טבע ופועלים בשטח לאחר התרחשותו. לא-פעם קוראים בעיתון או באתרי האינטרנט על משלחות סיוע ממדינה זו או אחרת שעושות את דרכן לאזורי אסון, על מטוס אספקה שהצליח לנחות בשטח, או על צוותי חילוץ ורפואה שנשלחו עם ציוד מיוחד. הביקורות משבחות כמובן את התמיכה והסיוע המיידי, אך לעתים מצוינת גם הבעייתיות של מענה שאינו הולם את צורכי האוכלוסיות הספציפיות. לא-פעם קרה ששמיכות עבות נשלחו לאזורים חמים במיוחד; שכמויות עצומות של צעצועים לילדים הועברו למחוזות שאין בהם מרכזי חלוקה או אמצעי הובלה ושילוח; שאספקה של ציוד רפואי נמצאה לבסוף זרוקה בשדה או בצד הדרך (במקרה הטוב, ארגזי הציוד שימשו לישיבה).[3]

מלמעלה למטה / מלמטה למעלה

בכל הנוגע לאופני פעולה בקרב אוכלוסיות נפגעות ובסיוע לשיקומן, יש משמעות להבדלים בין הגישה המסורתית של Top-Down (פעולה מלמעלה-למטה),[4] לבין הגישה ההפוכה, Bottom-Up (מלמטה-למעלה).[5] בגישת Top-Down, ממשלות וארגונים (לעתים נסתרים מעיני הציבור) מחליטים כיצד ומתי לפעול, לפני אסון הטבע ואחריו. ההחלטות ברמה הארצית, האזורית והבינלאומיות "מטפטפות מטה" אל כלל האוכלוסיה, בדמות מידע-מטעם ופעולות מעשיות. אלא שכל המידע הנרחב הזה נשאר לא-פעם כמאסה בלתי נגישה של עקרונות מופשטים ומסובכים ליישום. רק קצה הקרחון חודר אל תודעת הקהילה או משפיע על רווחתה, בדמות פעולות אופרטיביות כמו הנחתת מזון וציוד, התארגנות מהירה להקמת ערי אוהלים למפונים, הפיכת איצטדיון ספורט למִתקן מגורים זמנים, או הפעלת אזעקה להתראה על פינוי.

הגישה ההפוכה, מלמטה-למעלה, מייחסת ליחידים ולקהילות כישורי הבחנה והערכה מדויקים יותר לגבי צורכיהם, ומסתמכת עליהם לתגובה מיידית ולהמשך התכנון והשיקום של סביבתם. יוזמות ההתארגנות של יחידים וקהילות ברחבי העולם משתנות לאחרונה במהירות עצומה, מתפתחות ומתגוונות, וזאת על רקע השינויים הטכנולוגיים המואצים והשלכותיהם החברתיות והתרבותיות. הדרכים שבהן קהילות מתכוננות לקראת ומגיבות תוך כדי אסון, ולבסוף גם מתאוששות ומסתגלות לתנאים חדשים, שונות כיום ומגוונות משהיו אי-פעם. ההבנה שחברים בקהילה יכולים "לקחת את המושכות לידיים" גם במצבי קיצון, ושגם מי שאינם אנשי מקצוע מיומנים יכולים בהחלט לשאת באחריות ולהוביל את הביצוע, משנה את פני הדברים ומשפיעה על איכות השיקום והצלחתו.

נכון להיום, לא נוכל לאפיין במונחים מסכמים את השינוי המסתמן באופני התגובה של קהילות ברחבי העולם לאסונות טבע. אזורי העולם שונים זה מזה, קהילה אחת אינה דומה למשנָה, וגם התגובות לאסונות מסוגים דומים במקומות שונים בעולם מתגלות כשונות

[3] ראו: Jonathan Katz, *The Big Truck that Went By: How the World Came to Save Haiti and Left Behind a Disaster* (New York: St. Martin's Press, 2014)

[4] ראו: http://dx.doi.org/10.1016/j.ijdrr.2016.07.005

[5] ראו שם.

האם 3.5 מטרים רבועים יספיקו?

מאיה ויניצקי

1953 – השיטפון שפגע בחופי הים הצפוני בפברואר 1953 היה אחד מאסונות הטבע הקיצוניים שפקדו את הולנד, בלגיה, אנגליה וסקוטלנד. הוא תואר כ"אסון המים" או כ"שיטפון הגדול", והתרחש כתוצאה משילוב ייחודי של כמה גורמים ובהם גאות גבוהה, גשמים עזים ורוח סערה מעל הים הצפוני. מפלס המים עלה בכשישה מטרים, ויחד עם הרוח גרם להצפות נרחבות (שסומנו במפות השיטפון בצבע כחול). כמעט אלפיים איש (וחיות משק רבות) מצאו את מותם באותו לילה בעודם מתמודדים עם המים הגואים, והנזק לרכוש היה גדול.

אלמלא ספר אחד בשחור-לבן,[1] שנכתב ונערך כמה חודשים לאחר השיטפון, סביר להניח שתיאורים יבשים על מזג האוויר הקיצוני, בצירוף הסברים מטאורולוגיים ורשימת פגיעות בגוף, בנפש וברכוש, היו נותרים עדות יחידה לאירוע הקיצוני שהתרחש. אך אופן הצגתו של המקרה בספר, שאף סייע בגיוס תרומות לשיקום האזור, היה שונה בתכלית מבחינת נקודת המוצא של הסיפור ואופן סיפורו. תיאורי המקרה האקלימי ותוצאות הנזקים צוינו אמנם, אך הזרקור הופנה דווקא אל התנהלות האוכלוסיה המקומית, שהיוותה את מרכז העניין והוצגה בפרטי-פרטים. תושבי החוות השכנות סייעו אלה לאלה בהתארגנות משותפת לפינוי האזור בבטחה, עזרו לחלץ את מעט הציוד שהיה אפשר להציל, מילאו וערמו שקי חול סביב הבתים למניעת חדירת מים. מתנדבים מהאזורים הסמוכים סייעו לצבא ולמשטרה בפינוי התושבים; ולאחר שרשתות הטלפון והטלגרף קרסו, היו אלה מפעילי רדיו חובבים שהתארגנו בזריזות לחידוש תקשורת הרדיו וליצירת קשר ראשוני עם העולם.

2017 – המוני בני אדם נעקרו בעשור האחרון מבתיהם בעקבות אסונות טבע רחבי היקף. מיליונים ברחבי העולם מתמודדים כיום עם סכנת מוות, חום וקור קיצוניים, צמא ורעב, חרדת עתיד ודאגה לגורל קרוביהם. תופעות טבע חריגות נצפו בעשור האחרון בארצות-הברית, ברזיל, יפן, טורקיה, פיליפינים, נפאל, המזרח התיכון ואיטליה,[2] ונראות בתצלומי

1 *The Battle of the Floods* (Amsterdam: Netherlands Booksellers and Publishers Association for the Benefit of the Netherlands Flood Relief Fund, 1953)

2 הוריקן קתרינה בארצות־הברית (2005), הצפות בברזיל (2011), רעידת אדמה וצונאמי ביפן (2011), רעידת אדמה בטורקיה (2011), טייפון האייאן בפיליפינים (2013), סופת שלגים ברכס האנפורנה בהימלאיה (2014), רעידת אדמה בנפאל (2015), סופות אבק במזרח התיכון (2015), שריפות יער בקליפורניה ובטנסי (2016), רעידות אדמה באיטליה (2016).

בַּמִּמְשָׁק שבין המציאות היומיומית הרוחשת סביבנו לבין פעילות המוזיאונים על התמחויותיהם השונות, מתעוררות מטבע הדברים שאלות על מרווח התהודה שבתווך ועל חלקו של המוזיאון בשיח התרבות הכללי, בתחומי הפוליטיקה, החברה, הכלכלה, האקולוגיה ועוד. יש הסבורים כי אין זה מתפקידו של המוזיאון לפעול פעולה ישירה במחוזות האקטואליה אלא רק לנקוט פעולה מדרגה שנייה, על כתפי היוצרים המציגים בו את עבודתם; אחרים יאמרו שמוזיאון לאמנות עכשווית יחטא לתפקידו אם לא יתערב באופן פעיל בנושאים הבוערים, כאן ועכשיו.

הפרויקט המחקרי והתערוכה "3.5 מטרים רבועים: תגובה בונה לאסונות טבע" מְערבים את המוזיאון באחד מן הנושאים בוערים העומדים כיום על הפרק: ההתמודדות של יחידים וקהילות עם אסונות טבע, מנקודת מבט המכוונת "מלמטה למעלה" ומשקפת אופני פעולה והתנהגות שיש בהם כדי להצביע על שינוי מהותי במרקם הקהילתי ובמבעי התרבות. הפרויקט בוחן את התגייסותם של ארגונים ללא מטרות רווח, חברות עסקיות (המקצות משאבים לסעד חברתי) ואנשי מקצוע מתחומים שונים – מהנדסים, אדריכלים, מעצבים, אנשי מחשבים, פעילים חברתיים – להעברת ידע, בערוצים שונים ובדרכים יצירתיות בהחלט, לקהילות המְפתחות את גופי הידע בדרכן ומטמיעות בהם את צורכיהן ואת תגובותיהן הייחודיות למצבי קיצון. הפרויקט משקף את בחירתו של מוזיאון תל-אביב לאמנות להעלות לסדר היום תופעות חברתיות עכשוויות של שיתוף ידע, טכנולוגיה חברתית ושיטות עממיות של "עשה זאת בעצמך", המציירות בדרכן תמונה דינמית של חיים משתנים תדיר בעולם של אורבניזציה מואצת וסכנות בלתי מוּכּרות.

זהו פרויקט ייחודי גם מבחינת המשתתפים בו, שמפעליהם אינם דיירים של קבע בתערוכות מוזיאליות, והם העמידו בפנינו אתגר מרתק של פיצוח תוכני וחזותי. מוזיאון תל-אביב לאמנות מודה מקרב לב למשתתפי הפרויקט, שהרימו את הכפפה ונענו להזמנתנו: טויו איטו, קומיקו אינואי, סו פוג'ימוטו ואקיהיסה היראטה; אימפקט-נפאל; פול אמריקה; שיגרו באן + רשת אדריכלים מתנדבים; אנדרו בק גרייס; עידו ברונו וארתור ברוטר; ברנרים ללא גבולות; אוליבר הודג'; טוויטר USGS; עזרי טרזי; מעבדת סכנות אורבניות בבית הספר לאדריכלות ותכנון של MIT; מרכז לפיתוח הוראה מרחוק וחינוך מקוון באוניברסיטת פיטסבורג; נוסיינר מעצבים; סטפנו סטרוקי; מאיה קוסובר ("סיפור ישראלי"); נטע קינד-לרר, וויליאם בריאנד, אניקה ג'יימס ומיטש וורד; מייקל ריינולדס; Airbnb תגובה לאסון; Better Shelter (קרן איקאה ו-UNHCR); Field Ready; MyShake ו-PetaBencana.id.

תודה למאיה ויניצקי, אוצרת התערוכה, על הפירוק והתזמור של הנושא המורכב למבע של תערוכה וקטלוג; לחנן דה-לנגה על עיצוב תערוכה רבת-תהודה, ולצוות העיצוב וההקמה – בועז מנשרי וליעד בן-יהודה – על מסירותם; לעדי טקו על עיצוב ייחודי של הקטלוג ואתר האינטרנט של הפרויקט; לדפנה רז על עריכת הטקסט והתרגום לעברית ולטליה הלקין על התרגום ועריכת האנגלית; וכן לרפאל רדובן, ראש אגף שירותי אוצרות, ואיריס ירושלמי, סגניתו, על עזרתם הרבה בהסרת המכשולים שבדרך. תודה למאירה יגיד-חיימוביץ', אוצרת בכירה, המחלקה לעיצוב ואדריכלות, על תמיכתה ועצתה. להקמת התערוכה התגייסו עוד רבים וטובים מצוות המוזיאון, ולכולם שלוחה תודה על השותפות המלאה. תודתי שלוחה גם למולטיפקט ביצועים בע"מ ולגלובוס אריזות ומשלוחים בינלאומיים בע"מ, שסייעו בנדיבות להוצאת הפרויקט המחקרי והתערוכה מן הכוח אל הפועל, וכמובן לשותפינו להוצאת הקטלוג, הוצאת הספרים הגרמנית הבינלאומית HIRMER.

סוזן לנדאו
מנכ"לית

פתח דבר

עמודי הקטלוג ממוספרים משמאל לימין, לפי סדר הקריאה הלועזי

תוכן העניינים

3.5 מטרים רבועים:
תגובה בונה לאסונות טבע

פרויקט מחקרי ותערוכה

מוזיאון תל אביב לאמנות
בשיתוף עם הוצאת הספרים HIRMER

3.5 מטרים רבועים: תגובה בונה לאסונות טבע
פרויקט מחקרי ותערוכה

אגף אניאס ובני שטינמץ לאדריכלות ועיצוב, גלריה 3
הבניין ע"ש שמואל והרטה עמיר
23 במרץ - 9 בספטמבר 2017

תערוכה
אוצרת: מאיה ויניצקי
עיצוב: סטודיו דה־לנגה - חנן דה־לנגה ויוליה ליפקין
עיצוב גרפי: עדי טקו
צוות הקמה וביצוע: בועז מנשרי, ליעד בן־יהודה
תכנון והקמת רמפה: צביקה קפלן -
סטודיו טוקן לעיצוב בע"מ
התקנה ותלייה: יעקב גואטה
תאורה: ליאור גבאי, אסף מנחם
עוזרות מחקר: משי טדסקי, ליאנה אלון
וידיאוגרפיה (פרויקט אזור בקרה): אוהד מילשטיין
הדפסות תלת־מימד: אלכסנדר גכט

ראש אגף שירותי אוצרות: רפאל רדובן
עוזרת לראש אגף שירותי אוצרות: איריס ירושלמי
קשרי חוץ וגיוס משאבים: אנה אדמסקי,
שירלי פאוקר־קידרון
רישום: עליזה פדובנו־פרידמן, שושי פרנקל,
הדר אורן־בצלאל

המחלקה לעיצוב ואדריכלות:
מאירה יגיד־חיימוביץ', אוצרת בכירה
הדס יוסיף־און, עוזרת לאוצרת

התערוכה בסיוע מולטיפקט ביצועים בע"מ
וגלובוס אריזות ומשלוחים בינלאומיים בע"מ

קטלוג
עורכת: מאיה ויניצקי
עריכת טקסט ותרגום לעברית: דפנה רז
תרגום לאנגלית ועריכה: טליה הלקין
עיצוב והפקה: עדי טקו
תכנות אתר אינטרנט: ענבל פינטו
הספרייה לאמנות ע"ש מאיר אריסון: יפעת קידר,
מיה גן־צבי, דפנית מוסקוביץ, אינה שנדר
הדפסה וכריכה: ע.ר. הדפסות בע"מ, תל אביב

על העטיפה: שיגרו באן + רשת אדריכלים מתנדבים: פרויקט בית ספר בנפאל; Better Shelter (קרן איקאה ו-UNHCR); אנדרו בק גרייס: אחרי הסערה; נטע קינד־לרר, וויליאם בריאנד, אניקה ג'יימס, מיטש וורד וג'ונתן לי: סיפורים שקולם לא נשמע; עידו ברונו וארתור ברוטר: שולחן־מגן לרעידות אדמה; פול אמריקה: משלחת להאיטי

תודה מיוחדת
סלווה גורדוגן תומסן, סטודיו-X, איסטנבול
מוטוקו נגאשימה, נוסיינר מעצבים, טוקיו
אליזבת רושאו־שלם

קט. 3/2017
מסת"ב 978-3-7774-2886-4